Dr. Grete Steinböck

Weltweit Freunde

Dr. Grete
Steinböck

Weltweit Freunde

Die Österreicher im Ausland

Amalthea

Bildnachweis: Von Privat oder Archiv
Weltbund der Österreicher im Ausland

Gesamtgestaltung: Carl Paul Wieland, München
Schutzumschlag: Wolfgang Heinzel
Satz und Druck: Jos. C. Huber KG, Dießen
Binden: R. Oldenbourg, München
Printed in Germany
ISBN: 3-85002-333-8

Mit freundlicher Unterstützung der

CREDITANSTALT
Die Bank zum Erfolg

Österreich

Dr. Klaus Lukas
Generaldirektor der
Österreich Werbung

Wien, im September 1992

Liebe Österreicherinnen und Österreicher im Ausland!
Liebe Österreich-Freunde auf der ganzen Welt!

Der "Weltbund der Österreicher im Ausland" feiert in diesem Jahr sein 40-jähriges Bestehen und blickt auf eine erfolgreiche Schaffensperiode für die Anliegen der Auslandsösterreicher und unser Land selbst zurück.

Der Österreich Werbung gibt dieser Anlaß die Möglichkeit, die Rolle und das Wirken der Auslandsösterreicher für unser Land zu würdigen, für den Einsatz und die geleistete Arbeit zu danken und die tiefe Verbundenheit mit Ihnen zum Ausdruck zu bringen. Wir wissen aber auch die Begeisterung, mit der unsere Auslandsbürger und Freunde auf der ganzen Welt für unser Land Sympathien erwerben, sehr zu schätzen. Es ist daher auch in einem hohen Maße das Mitverdienst der Auslandsösterreicher, wenn weltweit ein positives Österreich-Image geprägt wird.

Gerade durch Ihre ständige Präsenz im Ausland eröffnen Sie uns Möglichkeiten, durch Ihre Mithilfe Österrecih als ein Land der Begegnung, der Kultur unde des Fortschritts, aber auch als ein Land mit einer großen Geschichte und Tradition sowie eine Verbündeten der internationalen Völkergemeinschaft zu präsentieren.

Dem "Weltbund der Österreicher im Ausland" sowie allen Auslandsösterreicherinnen und -österreichern gratuliere ich zu diesem Jubiläum, ich wünsche allen den verdienten Erfolg und bitte Sie gleichzeitig auch weiterhin um Ihre Verbundenheit zu Österreich.

Klaus Lukas

Margaretenstraße 1, A-1040 Wien, Telefon (0222) 588 66-0, FS 75310002 ovie a, Fax (0222) 588 66 20

Inhaltsverzeichnis

Liebe Landsleute in aller Welt!

Seit vielen Jahrzehnten verlassen Österreicher ihre Heimat auf der Suche nach besseren Arbeits- und Lebensverhältnissen. Dazu kommen jene Landsleute, die aus politischen oder religiösen Gründen in der Vergangenheit gezwungen waren auszuwandern. Ein Teil der Landsleute ließ sich nur für einige Zeit im Ausland nieder, ein anderer blieb für immer und bleibt auch dann noch der österreichischen Heimat verbunden, wenn er die Staatsbürgerschaft des Gastlands angenommen hat. So leben heute 750 000 solcher »Herzensösterreicher« im Ausland, dazu kommen 400 000 Landsleute, die ihre österreichische Staatsbürgerschaft behalten haben.
Für diese große Zahl von Landsleuten ist der Weltbund der Österreicher im Ausland die Interessensvertretung gegenüber der Republik Österreich und ihren Institutionen in der Heimat. Die in den Auslandsösterreicher-Vereinen in der ganzen Welt organisierten Landsleute wählen ihre Führungsgremien und als höchstes Organ den Vorstand des Weltbunds.
Im Jahre 1952, als unsere Heimat noch von fremden Truppen besetzt war, hat sich dieser Weltbund in der Schweiz konstituiert. In den 40 Jahren die seither vergangen sind, hat er die Interessen der Auslandsösterreicher in vielen Bereichen erfolgreich vertreten können und wird dies auch in der Zukunft mit großem Einsatz fortsetzen. Darüberhinaus sind Männer und Frauen des Weltbunds in vielen Ländern der Welt engagiert und erfolgreich, oft auch unbedankt, als stille Gesandte für ihre Heimat tätig.
Das Ansehen unserer Landsleute im Ausland ist durch Fleiß, Tüchtigkeit und Zuverlässigkeit geprägt und hilft mit, ein positives Bild für unsere Heimat Österreich in der Fremde aufzubauen. Die große Fähigkeit zur Anpassung im Gastland ist eine der großen Stärken, die das Zusammenleben mit anderen Nationalitäten so wesentlich beeinflußt.
Das vorliegende Buch, welches aus Anlaß des 40-jährigen Jubiläums erscheint, ist den Österreichern im Ausland und unseren

Landsleuten in der Heimat gewidmet. Der Verfasserin, Frau Dr. Grete Steinböck, möchte ich an dieser Stelle ganz besonderen Dank sagen, für ihre großen Bemühungen bei der Erstellung der Unterlagen für die Dokumentation.
Der Weltbund dankt allen, die einen Beitrag zur Verbundenheit über Grenzen hinweg erbringen und würdigt auch die jahrelange gute Zusammenarbeit mit den beiden anderen Auslandsösterreicher-Organisationen, dem Auslandsösterreicherwerk und der Burgenländischen Gemeinschaft.
Dieses Buch ist ein Dokument unserer Treue zur österreichischen Heimat.

Auslandsösterreichertreffen
Güssing, am 3. September 1992

Dante Bernardin
Präsident
des Weltbunds der
Österreicher im Ausland

Vorspruch

zum feierlichen Festakt im Prunksaal der Österreichischen Nationalbibliothek, verfaßt von Johannes Urzidil

Jahr des Zehnten Bundeslandes 1969

Glücklich zu preisen ist, wer seine Heimat nicht verlassen mußte. Aber erst, wer sie verließ und sie lange Zeit hindurch oder für immer entbehrt, der begreift ihre volle Bedeutung für sein eigenes Leben und Schicksal.
Cicero sprach zwar einmal das bekannt gewordene und reichlich mißbrauchte Wort: »Ubi bene, ibi patria«, »wo's mir gut geht, dort ist mein Vaterland«. Als er aber nach langer Trennung seinen Geburtsort Arpinum wiedersah, da rief er aus: »Hier sind die echten Heiligtümer, hier die Quellen der Herkunft, hier die vielen Spuren der Vorfahren. Sogar der hochkluge Odysseus soll bereit gewesen sein, die Heimkehr nach Ithaka der Unsterblichkeit vorzuziehen.«
Cicero war ein kühler, nüchterner Denker. Aber diese Kühle schmolz beim Anblick seiner Heimat und wich einer tiefen und reuigen Regung der menschlichen Natur.
Diese Regung, die von den Zeitaltern nicht überwunden werden kann, geht aus dem Bedürfnis des Individuums hervor, sich auf einen unverrückbaren Punkt beziehen und sich nach ihm, wie der Schiffer nach dem Polarstern, orientieren zu können.
Amerikaner unserer Tage drücken dieses Bedürfnis mit den einfachen Worten aus: »To belong«, mit anzugehören. Solche Zugehörigkeit beginnt und gestaltet sich in der ersten Frühe des Daseins. Hic genus, hier ist die Herkunft; und wollte sie einer gering schätzen, er würde sich selbst nicht finden und begreifen.
Im Leben der Völker, in ihrem politischen Dasein und in ihrer Literatur, ist der Begriff »Heimat« vielfach und immerzu mißdeutet und entstellt worden. Kriege und Feindschaften aller Art

versuchte man mit ihm zu rechtfertigen; Despotie und todsündliche Habgier bedienten und bedienen sich seiner als Standarte.

Und doch ist es ein sehr schlichtes und klares Wort, eines der Grundwörter menschlicher Existenz und Verständigung so wie Liebe, Freiheit oder Wahrheit, Wörter, die für Begriffe stehen, die sich zwar nicht genau umschreiben bzw. definieren lassen, deren Sinn aber tief gegenwärtig ist im inneren Bestand jeder reinen Menschennatur.

Denn *Heimat* ist ja nicht bloß die geographisch umzirkte Tatsachenfülle, die Berge, Täler, Flüsse, Weiler und Städte, Duft, Farbe und Wachstum der Felder, Wälder und Almen; nicht bloß die Menschen, die alles das bewohnen und betreuen, sondern zugleich die ganze schier endlose Perspektive der Geschichte und der Wandlungen dieser Gelände und Schicksale, gespiegelt in der Entwicklung des eigenen Herzens. Selbst noch die Enttäuschungen und Trübsale, die zu alledem mitgehören, sind Heimat.

Der machtvollste Dramatiker Österreichs, Grillparzer, weist uns an, das Verständnis seiner Werke aus dem Rundblick vom Kahlenberg aus zu erschließen; der erhabenste Erzähler österreichischer Sprache, Stifter, bleibt mit jedem seiner Worte dem weiten Reich verpflichtet, das noch von seinem Geburtsland bis zu dem von ihm ersehnten Meere reichte. Aber die dichterische Leuchtkraft, dafür bin ich Bürge, wirkt noch viel eindringlicher in die Ferne auf jene Menschen der Heimat, die im Ausland verstreut sind. Dort bindet ein Stück von Raimund und Nestroy, von Hofmannsthal oder Schnitzler, eine Musik von Haydn, Mozart oder Schubert die Hörer aus Österreich plötzlich wieder zu einer Gemeinschaft, erzeugt einen Schwerpunkt, darin sich das »Ich« und das »Wir« vereinigen und erweist eine Sendung, die keiner Aufführung inmitten der Heimat eignen kann.

»Wenn ich je dein vergesse, dann sollst auch du meiner vergessen...« Denn die schlimmste aller Verbannungen heißt: vergessen sein. Über dir weht der Wind hinweg. Unter dir hat sich die

Scholle gelöst. Nichts behält und hält dich. Dein Erinnern haftet an nichts mehr. Dein Traum findet keine Flamme, woran er sich entzündet. Nicht gedacht soll deiner werden. Einzig die beziehungslose, an nichts gebundene Einsamkeit ist dein...

Die zerstörende Wirkung des Vergessens ist wechselseitig. Darum ist auch das Gedenken auf befruchtende Wechselseitigkeit angewiesen. Und einzig diese aktive Wechselseitigkeit erhält eine Gemeinschaft, eine Nation im wirkenden Magnetfeld ihrer mondialen Existenz.

Mag es noch so sehr zutreffen, daß das technologische Zeitalter die Begriffe der Gemeinschaft und der Heimat in ein neues geistiges Koordinatensystem versetzt hat und daß durch die modernen Verkehrs- und Verbindungsmittel die äußerlichen Fernen weitgehend überwunden erscheinen: Andere und neue Klüfte haben sich aufgerissen, andere und neue Unverständlichkeiten wurden erzeugt. Aber der Gegensatz zwischen Heimat und Fremde bleibt in den Seelen unverändert bestehen, solange ihn nicht die Liebe zu überbrücken vermag. Nur im Zeichen solcher Synthese kann der im Ausland Lebende als Weltbürger wirken; und nur im Zeichen solcher Synthese kann, wer in der Heimat bleibt, zugleich der unendlichen Welt, der Heimat Gottes, angehören.

Wenn ich je deiner vergesse, so sollst auch du meiner vergessen!

Johannes Urzidil

Vierzig Jahre Weltbund der Österreicher im Ausland

Als der Plan, eine Festschrift aus Anlaß des vierzigjährigen Jubiläums des Weltbunds herauszugeben, konkrete Formen annahm, da stand man unversehens vor einer Überfülle von Problemen, Tatsachen, in einer Verästelung mit andern Kulturen, andern Bereichen auf allen Gebieten, die vorerst den Atem nahmen. Nicht umsonst war Österreich über 600 Jahre lang das mächtigste, einflußreichste Land Europas – ja, es war Europa selbst oder besser Mitteleuropa selbst gewesen. Zahllose Fäden führten rund um die Erde; und immer wieder tauchten Namen in Geschichtswerken, in Schriften der Kunst, der Wissenschaft, der Wirtschaft auf, deren Träger aus unserer engeren Heimat stammten. Das künstlerische Schaffen blieb in Österreich, wie in ganz Europa, durch Jahrhunderte stark von dem Mäzenatentum des Hofes, der Kirche und des Adels abhängig, zu denen nach und nach das Bürgertum trat; daß andererseits anerkannte Künstler nach Österreich berufen wurden, daß eine glückliche Wechselwirkung entstand, ergibt sich von selbst. Missionen in Übersee verbreiteten europäisch-österreichische Kultur – wußten Sie, daß es auch im alten China solche Missionen gab? –, Wissenschaftler und Forscher brachten erstaunliche Berichte aus den fernen Ländern. So ist es ein österreichischer Diplomat, Sigmund von Herberstein, gewesen, der die erste wissenschaftliche Landbeschreibung Rußlands lieferte – die Beispiele ließen sich beliebig fortsetzen. Es waren Auslandsösterreicher, alle diese Kulturträger, wie sollte man sie in ein Register fassen?

Es waren einfach zuviele. Und so beschloß man, auf die große Historie zu verzichten und in dieser Festschrift, nach einem kurzen Rückblick, nur auf die vierzig letzten Jahre zurückzugreifen, die Jahre des Bestands des Weltbundes. Trotzdem scheint ein nostalgischer Blick auf einige Persönlichkeiten vergangener Jahrhunderte angebracht, die in ihrem Bereich unauslöschliche Spuren hinterließen; Margarethe von Österreich, die Tochter Kaiser Maximilians, zum Beispiel, die Regen-

tin der Niederlande, die dem schwer geprüften Land eine Atempause und damit eine kulturelle Blütezeit schenkte, oder die Mutter Ludwig XIV., Anna, die ihren Sohn zwar nicht von den Raubkriegen abzuhalten vermochte, aber doch eine Saite in dem machtbesessenen Bourbonen anschlug, die ihm eine – zumindest ideelle – Verbindung mit dem Erzhaus erstrebenswert erscheinen lassen konnte; oder die junge Leopoldine, Opfer und Märtyrerin ihres hohen Hauses, als sie den späteren Kaiser von Brasilien Dom Pedro heiratete, deren wohltätiges, im wahrsten Sinn menschliches Wirken in dem Riesenreich bis heute nicht vergessen ist. Und auch Marie-Louise kann man erwähnen, der man oft in der Geschichte unrecht tut, eine Durchschnittsfrau, die aber, mit dem praktischen Verstand ihres Vorfahren Franz Stephan begabt, dem Land Parma eine wirtschaftliche Blüte schenkte, die sich in den Nach-Napoleon-Jahren sehen lassen konnte.
Zahllos sind die mutigen Forscher, die phantasievollen Entdekker, die gelehrten Professoren, die aus Österreich in fremde Länder zogen oder berufen wurden und dort zum Wohl des Gastlands wie der Heimat wirkten. Ja, es wäre verlockend, sehr verlockend, von ihnen zu berichten, sie in einem oder mehreren Büchern festzuhalten, ein glänzendes Epos, ein »Heldengedicht« vielleicht – da wir uns aber auf die Leistungen des Weltbundes der letzten vierzig Jahre beschränken müssen, heißt es von diesen Gestalten Abschied zu nehmen... Womit nicht gesagt ist, daß zuweilen auf die eine oder andere illustre Person zurückgegriffen werden wird.
Und außerdem: die »Geschichte« des Weltbundes, der Auslandsösterreicher, ist vielfältig und schillernd abwechslungsreich genug, um ein Buch zu füllen, die ihr gewidmet ist.

So soll vorerst ganz sachlich auf die Frage eingegangen werden, wen wir eigentlich als Auslandsösterreicher bezeichnen, welche Personen, welche Personengruppen im Weltbund zusammengefaßt sind. Warum schlossen sie sich zusammen? Und vor allem, wer sind sie eigentlich? Sie sind das Zehnte Bundesland, wie sie der unvergessene Außenminister Dr. Figl nach einem von Karl Bambas, Rom, geprägten Namen in seiner denkwürdigen Rede am 27. April 1955 bezeichnete.

Das Zehnte Bundesland – die Auslandsösterreicher

»Das Zehnte Bundesland« – so nennt man die österreichischen Landsleute jenseits der Grenzen, die aus den verschiedensten Gründen, freiwillig oder unfreiwillig, die Heimat verließen, um sich in neuer Umgebung, unter neuen Verhältnissen, mühsam und zäh ein neues Leben aufzubauen. Der Ausdruck könnte nicht besser gewählt sein, denn tatsächlich gibt dieses Zehnte Bundesland die Struktur der Bevölkerung jeden Bundeslandes in der Heimat wieder. Vom Arbeiter bis zum Gelehrten, vom Handwerker bis zum großen Künstler, vom Werkstudenten bis zum Nobelpreisträger – so vielschichtig sind die Angehörigen dieses Zehnten Bundeslandes, dem nur das wesentliche Element des Staatsgebietes fehlt, um tatsächlich ein Land im politischen Sinn zu sein.

Wer ist nun »Auslandsösterreicher«? Nicht der Reisende, nicht der Student, nicht der Techniker oder Forscher, wenn er sich auch noch so lange im Ausland aufhält. Nein, Auslandsösterreicher in unserm Sinn ist jener, der das Zentrum seiner Existenz, bewußt und endgültig, im Ausland aufbaut.
Die Zeit ist längst vorbei, da man den Auswanderer mit Mißtrauen betrachtete, wo man ihm bloße Abenteuerlust und Schlimmeres vorhielt, weil er das warme Nest, das festgefügte Gebäude der heimatlichen Sprache, der heimatlichen Gesetze und der heimatlichen Ordnung – den Schutz der Heimat, aber auch ihre Pflichten – verließ, um allein, auf sich gestellt, in der Fremde neu zu beginnen. Es ist noch gar nicht so lange her, da wurde der ungeratene Sohn nach Amerika oder sonst wohin geschickt, um sich dort zu bewähren oder auch, um die Schande, den Stein des Anstoßes möglichst entfernt zu wissen.

Nun, solche Motive sind sehr selten geworden in unserer Zeit. Im Gegenteil: Seit Pioniere neue Erdteile erschlossen, seit die letzten weißen Flecken auf den Landkarten gelöscht wurden, hat man die Former neuer Welten bewundern gelernt. Der Mann, die Frau aber, die in die Fremde gehen, haben deshalb keinen leichteren Stand. Allein auf sich gestellt, nicht immer gastlich aufgenommen, beginnen sie auf einsamem Posten, in einem Land mit fremder Sprache, anderen Lebensgewohnheiten, andern Gepflogenheiten, oft auch anderm Klima und anderm Lebensrhythmus, ihre Existenz aufzubauen.

Was sie hinausgetrieben hat? Gerade in unserer Zeit war es oft bittere Not, Zwang, der nackte Selbsterhaltungstrieb. Wir brauchen nicht auf die Unzahl politischer Flüchtlinge hinzuweisen, die ist unseren Zeitgenossen als eine der grausamsten Erscheinungen dieser Epoche nur allzugut bekannt. Weniger gegenwärtig vielleicht ist es, daß es fast zu allen Zeiten Auswanderungswellen gegeben hat – begonnen mit den Vertreibungen aus religiösen Gründen, dann, nach dem Weltkrieg in den wirtschaftlichen Notjahren der Zwischenkriegszeit und auch nach dem Zweiten Weltkrieg, als Heimkehrer und Flüchtlinge vor scheinbar ausweglosen Situationen standen und nach dem Rettungsanker im Ausland griffen. Ganze Gruppen nahmen gemeinsam das Wagnis auf sich und hielten auch in ihrer neuen Umgebung die Verbindung untereinander aufrecht; es bildeten sich »Österreich-Kolonien«, die nicht selten bestimmte heimatliche Gewerbe, vor allem aber heimatliches Brauchtum in der neuen Heimat pflegten. Man denke nur an die zahlreichen Burgenländerkolonien in Amerika – bekanntlich lebten in Amerika zeitweise mehr Burgenländer als im Burgenland selbst – aber darüber werden wir an anderer Stelle ausführlich zu sprechen kommen.

Diesen »Auswanderern« stehen die zahlreichen Einzelgänger gegenüber, die aus politischen, beruflichen, familiären und anderen Gründen in die Fremde zogen, weil sie es mußten oder um etwas zu lernen, zu erfahren, um aus der Enge der Gewohnheiten in die freie Welt des Unbekannten zu ziehen, während andere, mit bereits bekannten Namen, nicht selten Berufungen ins Ausland folgten. Wenn das um die Jahrhundertwende zuweilen noch mit Abenteuerlust zu tun hatte, so hat sich das in unserm harten Jahrhundert längst gewandelt: Es sind die besten Kräfte eines Volks, die sich diese Bewährung freiwillig suchen.

Sie sind draußen über sich hinausgewachsen und haben Dinge erreicht, Erfolge gehabt, die sie hier vielleicht niemals erworben hätten nach dem Goethe-Wort: »Es bildet ein Talent sich in der Stille, sich ein Charakter in dem Strom der Welt...« Zu den Schwierigkeiten, die sich dem »Fremden« entgegenstellen, kommt etwas sehr Wesentliches hinzu: Der Neuling, der sich mühsam seine Position erworben und erkämpft hat, leidet als erster und am schwersten in Ausnahme- oder gar Katastrophenzuständen, er verliert als erster seine Stellung, wenn die Konjunktur nachläßt; er hat den geringsten sozialen Schutz, weil er in das Netz der sozialen Bestimmungen entweder gar nicht oder nur sehr lose eingebaut wurde. Mit Zuwendungen und Unterstützungen darf er erst rechnen, wenn die Bedürfnisse der Inländer befriedigt wurden; das gilt auf dem Sektor der Löhne und Gehälter ebenso wie auf dem Sektor der Kleidung, der Wohnung und Krankenbetreuung und vor allem auch der Altersfürsorge.

Und naturgemäß wirkt sich die höchste Notzeit eines Staates für den Ausländer im Gastlande am härtesten aus: Im Fall eines Krieges wird er nicht selten als Feind betrachtet, interniert und aller Rechte beraubt.

Der Mensch, der im Bewußtsein dieser Gefahren trotzdem hinausgeht und sich bewährt, der allerdings gehört zu den wertvollsten Interessenvertretern seiner Heimat. Es kann den Inlandsösterreichern gar nicht deutlich genug vor Augen geführt werden, wieviel sie dem direkten und indirekten Wirken ihrer Landsleute draußen verdanken. Gerade, weil sie in der Stille schaffen, weil sie keine bezahlten oder bestellten Vertreter ihrer früheren Heimat sind, und gerade weil sie alle Schichten der Bevölkerung vertreten, sind ihren Initiativen keine

Grenzen gesetzt, und jede Leistung, ob positiv oder negativ, wird zwangsläufig dem Herkunftsland gutgeschrieben – oder angelastet. Daß der Auslandsbürger durch neu geschaffene berufliche oder familiäre Beziehungen zum Gastland neue Kreise erschließt, die in der einen oder andern Weise dem Gastland dienen können, ergibt sich von selbst. Welches Potential bedeuten beispielsweise die zahllosen österreichischen Privatkaufleute oder leitenden Angestellten in ausländischen Betrieben für die österreichische Wirtschaft! Es wäre interessant, festzustellen, wie weit die für Österreich lebensnotwendigen Importe mit Devisen bezahlt werden, die aus den von Auslandsösterreichern getätigten Exporten stammen.

Wir wollen nicht von dem Heer österreichischer Künstler sprechen, die im Ausland studierten, arbeiteten und Ruhm erwarben, denn mit der Kunst, vor allem mit der Musik, hat man uns im Ausland von jeher identifiziert. Die großen Gastspiele der Philharmoniker, der Symphoniker, der Sängerknaben, des Jeunesse-Chors bringen nicht nur finanzielle Erfolge heim – kostbare Devisen –, sondern sie machen das Gastland auf unsere Heimat aufmerksam und beweisen, daß auch ein kleines Land Werte bieten kann, die es selbst nicht besitzt.

Weniger bekannt vielleicht ist es, daß unzählige unserer Techniker, Ingenieure, Brückenbauer, Städteplaner, Chemiker, Atomphysiker – und nun haben wir sogar einen Mann im Weltall! – im Ausland wirken und beweisen, daß der Österreicher auch mit den sehr realistischen Forderungen unserer Zeit vertraut ist. Immer wieder aber kommen die draußen erworbenen Kenntnisse und Fertigkeiten rückwirkend der Heimat zugute.

Wir können in diesem Einleitungsartikel nicht auf Einzelheiten eingehen, es wird im Rahmen der Festschrift immer wieder geschehen. Trotzdem soll schon hier festgehalten werden, daß es nicht weniger als vierzehn Nobelpreisträger unter den Auslandsösterreichern gibt, ebenso die Tatsache, daß die Einwanderer aus dem kleinen Österreich im amerikanischen »Who is Who« an vierter Stelle hinter den Engländern, Russen und

Deutschen stehen; im amerikanischen »Who is Who of American women« stehen die Österreicherinnen sogar an dritter Stelle hinter den Deutschen und den Kanadierinnen. Der Weltbund der Österreicher im Ausland veranstaltete bei einigen seiner Jahreshauptversammlungen Ausstellungen aus dem kulturellen Schaffen der Auslandsösterreicher; Literatur, Architektur, Theater, Malerei und Musik, Reise und Sport, Forschung und Technik wurden gleichermaßen gewürdigt und in eindrucksvollen Exponaten dargestellt. Die Ausstellungen fanden auch bei den Inlandsösterreichern lebhaften Widerhall und lösten vielleicht bei dem einen oder andern ein leise beschämtes Staunen aus: »*Das* alles waren Österreicher...?«
Es wäre sicher verlockend, einfach Kataloge solcher Ausstellungen – die allerdings niemals eine vollständige Aufzählung bieten könnten – herauszugeben und damit den Beweis für die Bedeutung des Auslandsösterreichertums zu erbringen. Alle diese Künstler, Gelehrten, Forscher sind Garanten österreichischen Ansehens – kein Zweifel! Trotzdem ist das Heer der anderen, bescheideneren Auslandsbürger, das in alle Berufssparten des Gastlandes eingedrungen ist und es in einer Art Infiltration gleichsam mit österreichischen Leistungen und österreichischem Gedankengut durchsetzt und angereichert hat, in noch weittragenderem Maße Abbild und Sinnbild Österreichs in der Welt. Der spektakulären Sonderleistung, so sehr sie bewundert wird, haftet immer etwas Übernationales an – das aber, was Österreich im Rahmen seiner Gegebenheiten in breiter Front in alle Schichten der ausländischen Bevölkerung trägt, auch das ist es, was dem österreichischen Namen Klang im Ausland verleiht.
Es fragt sich natürlich, wie lang der Österreicher draußen seine nationale Eigenheit bewahrt, wie lange er im vollen Bewußtsein, für seine Heimat zu wirken, im Gastland lebt. Ein großer Teil der Auswanderer verwächst mit dem neuen Land, verschmilzt mit ihm und verleiht ihm durch den Tropfen fremden Bluts, den er hereingebracht hat, vielleicht eine unmerkbare Nuance – der Heimat aber ist er verloren. Die zweite Genera-

tion, im fremdsprachigen Land aufgewachsen, assimiliert sich oft mit dem Gastland, und nicht einmal der umgewandelte Name mehr erinnert an die Abstammung der Eltern. Umso höher ist der Landsmann einzuschätzen, der allen direkten und indirekten Gefahren und Versuchungen zum Trotz die Liebe, die tatkräftige Liebe zur Heimat bewahrt. Wir bezeichnen ihn als »Herzensösterreicher.« In vorderster Linie die Landsleute, die sich nach jahrelanger Tätigkeit draußen sogar die Staatsbürgerschaft erhalten haben; gleich danach aber die vielen anderen, die gezwungenermaßen und vielleicht auch aus einem Dankbarkeitsgefühl heraus – besonders im Fall der politischen Emigration – die Staatsbürgerschaft des Gastlandes angenommen haben, sich aber dem Herzen nach und vor allem den Interessen nach noch immer, in der zweiten und dritten Generation, als Österreicher fühlen.
Und dieses Gefühl, das für den Inlandsösterreicher so unendlich kostbar ist, wird von Wien aus gesteuert und gepflegt. Gepflegt und gestützt durch die vom Weltbund der Österreicher im Ausland geschaffenen und betreuten Auslandsösterreichervereine, durch das Außenamt, die Vertretungsbehörden, die vielen inländischen Ämter und Stellen, die sich mit den Landsleuten draußen befassen. Denn die mehr oder minder festgefügte Schicht von Auslandsbürgern aller Stände, aller Berufsschichten, aller Altersgruppen stellt eine Macht dar, die sich zum Wohl der Heimat auswirken kann und muß, wenn der Inlandsbürger seinerseits die Verbindung pflegt, aufrechterhält und in segensreicher Wechselwirkung fördert; wenn er in ihr einen wertvollen Teil seines Volkes erblickt. Denn es sind *gute* Leute, die hinausgingen. Und sie gehören zu den *besten*, wenn sie uneigennützig weiter im Interesse der Heimat tätig sind, wenn sie, eine ideale »Fünfte Kolonne«, das Ansehen, vielleicht sogar die Stellung unseres kleinen Vaterlandes in der Welt festigen und heben.

Die Gründung des Weltbundes 1952

Das Zusammengehörigkeitsgefühl der Auslandsbürger, ihr Bestreben, den Kontakt mit der Heimat aufrechtzuerhalten, der Heimat zu nützen, vor allem aber als wertvoller Bestandteil, als Atout sozusagen der österreichischen Bevölkerung, angesehen zu werden, bestand seit jeher. Praktisch aber war eine solche Union nie von einzelnen in die Wege zu leiten, Organisationen mußten geschaffen werden, die, den inländischen Institutionen gleichgestellt, »weltumspannend« wirken konnten. Ein großes Ziel. Der Weltbund sollte es erreichen. Wie schwierig der Anfang war, beweist allein schon die Tatsache, daß diese Gründung zwar auf österreichischem Boden geschah, daß der Sitz des Weltbundes aber im Ausland sein mußte.

Denn Österreich war von vier Besatzungsmächten besetzt, und alle vier hatten Standorte in Wien – die Kommandanturen; die Bilder von den »Vieren im Jeep« sind damals als Kuriosum um alle Welt gegangen. Die Sowjets vor allem waren es, die keine internationale Organisation in Wien geduldet hätten. Nun war das glückliche Nachbarland Österreichs, die Schweiz, schon längst für seine vorbildliche Auslands-Schweizer-Vereinigungen bekannt; es befanden sich zahleiche Österreicher dort, und das Glück wollte es, daß der österreichische Gesandte Dr. Wildmann in Bern die Idee einer Organisation der Auslandsösterreicher geradezu leidenschaftlich vertrat. Und so kam es vom 11. zum 13. September 1952 zu einer Tagung in Dornbirn nah der Schweizer Grenze, wo der Weltbund gegründet wurde. Er trug den Namen: »Auslandsösterreicher – Zentralverband der Österreichervereine im Ausland.«

Ein Protokoll dieser ersten Tagung ist vorhanden, es soll hier auszugsweise veröffentlicht werden, denn es zeigt, daß schon damals, in den Gründungstagen, die gleichen Tendenzen, die gleichen Wünsche, die gleichen Probleme bestanden wie später, ja, bis heute. Viele der Forderungen konnten erfüllt werden, manches nicht. Es wird in dieser Schrift immer wieder Gelegenheit geben, auf dieses »Urprotokoll« zurückzugreifen. Es ist vierzig Jahre alt und noch immer aktuell.

»Das Urprotokoll«

Auf Anregung der *Vereinigung der Österreicher in der Schweiz und Liechtenstein* wurde in einer durch Herrn Bundesminister Dr. Karl Gruber einberufenen *Delegierten-Tagung der Auslandsösterreicher in Dornbirn* in der Zeit vom 11.–13. September 1952 der *Weltbund der Österreicher (Zentralverband der österreichischen Vereine im Ausland)* gegründet.

Die Aufgabe des Weltbundes der Österreicher im Ausland

ist laut den Satzungen, die im Ausland bestehenden österreichischen Vereine zu einem *Zentralverband* zusammenzufassen, um ihre gemeinsamen Interessen zu wahren, die Verbindung aller Mitglieder untereinander und mit der Heimat zu pflegen und den Interessen der Heimat zu dienen. Diesem Zentralverband können auch Vereinigungen von Freunden Österreichs im Ausland angehören. Sehr bedeutend ist der § 2 der Statuten, der feststellt, daß dem Weltbund nur Vereinigungen im Ausland angehören können, deren Satzungen und Verhalten ihr Eintreten für ein freies, unabhängiges und demokratisches Österreich im Geiste der Menschenrechte verbürgen.

Der Weltbund hat also zum Ziele:

1. die Festigung des Gemeinschaftsgefühls unter allen im Ausland lebenden Österreichern;
2. die Erhaltung der Anhänglichkeit an die österreichische Heimat und des Zusammenhanges mit ihr;
3. die Pflege österreichischen Wesens und des österreichischen Volksbewußtseins;
4. die Wahrnehmung der Bedürfnisse der im Ausland lebenden Österreicher in bezug auf die Gestaltung ihrer Rechtslage im Verhältnis zur Heimat und zum Gastland;

5. die Förderung des kulturellen Ansehens und der wirtschaftlichen Interessen der Österreicher im Ausland;
6. die Unterstützung seiner Mitgliedervereine bei der Gewährung von Rat und Hilfe an schuldlos in Not geratene Landsleute, soweit das in den Möglichkeiten des Zentralverbandes gelegen ist;
7. die dauernde Zusammenarbeit mit den österreichischen Behörden in der Heimat und im Ausland sowie mit einer in Wien zu schaffenden überparteilichen Zentralstelle, soweit es sich um die Aufgaben des Zentralverbandes handelt.

Nach den Satzungen befindet sich der *Hauptsitz des Zentralverbandes* im Ausland, und zwar am Sitz der geschäftsführenden Vereinigung, die im Gründungsjahr die Vereinigung der Österreicher in der Schweiz und Liechtenstein in Zürich war. Das Mandat dauert vorläufig bis Ende 1955.

Das Protokoll gibt nun die ungefähren Zahlen der im Ausland lebenden Österreicher bekannt, die freilich nur aus historischen Gründen interessant sind. Die Daten stammen sowohl von den Vertretungsbehörden wie den Außenhandelsstellen wie aus privaten Quellen.

Es wird festgestellt, daß in Nord- und Südamerika insgesamt ca. 200.000 aus Österreich stammende Bürger leben, in Deutschland, das verschiedene Besatzungszonen aufweist, ca. 140.000. Rechnet man die in andern Teilen der Welt angegebenen Auslandsösterreicher hinzu, so kommt man zu dem Ergebnis, daß fast zehn Prozent der Gesamtbevölkerung Österreichs (es handelt sich um das Jahr 1952, Anm.) im Ausland leben.

Das Protoll stellt sich daher die berechtigte Frage, ob ein kleines und durch die Kriege verarmtes Österreich auf diese große Anzahl Staatsbürger verzichten kann. Und es setzt fort: »Man muß nur das Beispiel der Schweiz ins Auge fassen. Die Zahl der Auslandsschweizer ist wesentlich kleiner als die der Auslandsösterreicher, dennoch wird die Schweiz nichts unterlassen, um die engste Verbindung zwischen den in der ganzen Welt verstreuten Schweizer Kolonien und der Heimat zu erhalten. Zu diesem Zweck besteht ein *Auslands-Schweizer-Werk*, die *Neue Helvetische Gesellschaft*, die mit bedeutenden finanziellen Mitteln ausgestattet ist und dafür sorgt, daß die Verbindung zwischen der Heimat und den Kolonien aufrechterhalten wird. Außerdem besteht in Bern ein *Auslands-Schweizer-Sekretariat*, das sogar die persönliche Verbindung mit den Schweizer Kolonien pflegt.«

Das Protokoll weist nun auf die *Bedeutung der Auslandsösterreicher für die Heimat hin*. Da dies aber eines der wesentlichen Anliegen dieses Buches wird, auf das immer wieder hingewiesen wird, brauchen wir hier nicht eigens darauf einzugehen. Interessant vielleicht ist nur eine Bemerkung über politische Aktionen der österreichischen Kolonie in Brasilien während des Krieges und nach Kriegsende, auf Grund derer Brasilien das erste Land war, das seine Stimme in den Vereinigten Nationen für die Freiheit Österreichs erhoben hat.

Und auch ein Ausspruch General Guisans, des Oberbefehlshabers der Schweizer Armee während des Zweiten Weltkriegs, der in seiner fast dichterischen Fassung so wenig militärisch klingt, soll festgehalten werden: »Wir sind stolz zu wissen, daß die Auslandsschweizer im schlimmsten Fall jeder Aufgabe gewachsen sein werden, die Fahne der Schweiz hochzuhalten...«

Eine Aufgabe, die sich auch den Auslandsösterreichern stellt: Wächter der Ehre des Heimatlandes und die Hüter der Heimattreue zu sein... Sie hätten die Aufgabe, für die Heimat zu werben, sowohl in kultureller als auch in wirtschaftlicher Hinsicht, sie haben die öffentliche Meinung in ihrem Gastland über die Lage und über die Sendung Österreichs aufzuklären und alles zu unternehmen, um die Verbindung zwischen Heimat und Auslandsösterreichertum zu intensivieren und in geregelte Bahnen zu lenken. Dies muß vor allem auch von der Heimat ausgehen, die Österreicher im Ausland müssen das Gefühl haben, daß sie im Heimatland als vollwertige Bürger angesehen werden, daß die Regierung Sorge dafür trägt, daß die österreichischen Vertretungsbehörden im Ausland sich um das Schicksal der dort lebenden österreichischen Staatsbürger kümmern. Nur dann kann von den Österreichern im Ausland verlangt werden, daß sie sich voll und ganz für die Heimat einsetzen, wenn sie das Gefühl haben, daß auch die Heimat für sie da ist.

(Eine Zwischenbemerkung: Sind das nicht haargenau die gleichen Prinzipien, die wir heute, vierzig Jahre nachher, zu befolgen suchen?)

Die Auswanderung

spielt in einem kleinen Staat, wie es Österreich ist, eine außerordentlich wichtige Rolle, sie stellt sozusagen ein Sicherheitsventil für das Wirtschaftsleben dar.
Man bedenke nur, was für den österreichischen Arbeitsmarkt die Tatsache bedeutet, daß derzeit 40.000 österreichische Arbeiter und Arbeiterinnen in der Schweiz Beschäftigung finden können!
Nicht nur in Österreich, auch in der Schweiz ist eine Auswanderung nach Feststellung des Jahresberichts des Auslandsschweizer-Werkes für das Jahr 1952 eine Existenzfrage für die schweizerische Wirtschaft. Ebenso wie die Schweiz ist auch Österreich in großem Maß auf den Export angewiesen, und ebenso wie die Auslandsschweizer könnten die Auslandsösterreicher als Vertreter und Berater dem österreichischen Export unbezahlbare Dienste leisten. Die Schweiz geht sogar so weit, daß man dort systematisch für die Aufführung und Verjüngung der infolge der Kriegsereignisse dezimierten Kolonien im Ausland Sorge trägt. Eine weitere Forderung wäre, die ins Ausland auswandernden Arbeitskräfte einer entsprechenden Schulung zu unterziehen, damit sie nicht gezwungen sind, im Ausland die niedrigsten Arbeiten zu verrichten... (Anm. 1992: Haben wir nicht die gleichen Probleme mit den aus dem Osten kommenden Arbeitskräften?)
...Die unkontrollierte Auswanderung, die in Österreich be-

steht, hat im Ausland die Folge, daß die österr. Staatsbürger auch dort nicht unter Kontrolle der österreichischen Vertretungsbehörden stehen. Die Schweizer im Ausland müssen sich bei ihren Gesandtschaften und Konsulaten melden, schon wegen des Militärdienstes, ebenso die Engländer innerhalb von drei Monaten. Die Österreicher aber müssen sich nicht melden und werden nur erfaßt, wenn sie ihre Pässe verlängern lassen, was sie übrigens auch in der Heimat tun können... Da in vielen Ländern die Behörden sich weigern, die Namen und Adressen der dort lebenden Österreicher den Vertretungsbehörden oder den dort bestehenden Österreich-Vereinen bekannt zu geben, ist es nicht möglich, die Auslandsösterreicher zu erfassen... Es wäre daher zweckmäßig, die Österreicher im Ausland zur *Meldung bei den Vertretungsbehörden* zu verpflichten (»Meldepflicht«).

Mit besonderer Genugtuung muß man feststellen, daß das Außenamt, das ein eigenes Referat für Auslandsösterreicher-Fragen hat, alle Vertretungsbehörden im Ausland auffordert, dahin zu wirken, daß Österreich-Vereine gegründet werden und sich diese dem Weltbund anschließen... Es wäre jedenfalls notwendig, daß die Vertretungsbehörden und vor allem die Missionschefs dem Problem der Auslandsösterreicher ein größeres Interesse zuwenden, als dies in manchen Ländern der Fall ist... Mit den Österreichern in Ländern, mit denen noch keine diplomatischen Beziehungen bestehen, hat das Generalsekretariat des Weltbundes eine persönliche Verbindung hergestellt, es ist bemüht, eine Kartothek der Österreicher aufzustellen, die in solchen Ländern leben, wo keine Österreich-Vereine aus politischen Gründen derzeit gegründet werden können.

Wünsche der Auslandsösterreicher gegenüber der Heimat

Schon bei der Gründungsversammlung in Dornbirn wurde die Forderung aufgestellt, das österr. Staatsbürgerschaftsgesetz

dahin zu ändern, daß die Österreicher ihre Staatsbürgerschaft nicht verlieren, auch dann nicht, wenn sie längere Zeit im Ausland leben und dort automatisch oder aus Existenzgründen die Staatsbürgerschaft des Gastlandes erwerben müßten. Viele von diesen alten Österreichern sind zwar papiermäßig keine Österreicher, aber gefühlsmäßig noch immer mit der Heimat verbunden. Was diese ausgewanderten ausländischen Staatsbürger für das Heimatland wirtschaftlich bedeuten können, zeigte vor dem Weltkrieg das Beispiel einiger mitteleuropäischer Länder, die aus den Geldsendungen der Ausgewanderten in die Heimat jährlich bedeutende Devisenmengen erhielten.
Ein weiterer Wunsch ist, dieselben politischen Rechte zu haben wie der Inlandsösterreicher, daß vor allem auch die Auslandsbürger *das Wahlrecht* ausüben können. Es ist selbstverständlich, daß dieses Problem sehr behutsam angepackt werden muß, weil unter allen Umständen zu verhindern ist, daß innerpolitische Gegensätze in die Auslandsösterreicher hineingetragen werden. Die Österreich-Vereine befassen sich nie mit Parteipolitik und wollen unter allen Umständen überparteilich, d. h. nur österreichisch im besten Sinn des Wortes sein. Andererseits würde die Möglichkeit der Ausübung des Wahlrechts bei vielen Auslandsösterreichern das Gefühl der Zugehörigkeit zur Heimat stärken und ihnen die Vorstellung der Gleichberechtigung mit ihren Landsleuten in der Heimat geben. Die Auslandsösterreicher wissen sehr gut, daß dieses Problem nicht rasch zu lösen ist, (Anm. 1991: ach, ja!!) doch besteht der Wunsch, daß die maßgebenden Stellen in Österreich, vor allem der Nationalrat, sich mit diesen Problemen auseinandersetzen.
Wichtig für die Auslandsösterreicher ist, daß die österr. Bundesregierung bzw. der österreichische Staat mit jenen Ländern, in denen zahlreiche Österreicher leben und arbeiten, Verträge über die Niederlassung, Sozialversicherung usw. auf Grundlage der Gegenseitigkeit abschließt, damit die Österreicher in den einzelnen Ländern nicht schlechter gestellt sind als die Einheimischen und als die Staatsbürger dieser Länder in Österreich. Es

wäre sehr erfreulich, wenn vor dem Abschluß solcher Verträge zwischen Österreich und den ausländischen Staaten durch die österr. Regierung die Österreich-Vereine dieser Länder konsultiert würden.

(Im Protokoll werden einige Beispiele dafür gezeigt, wo Nachteile für die Zuwandernden wegen Außerachtlassung dieser Maßnahmen entstehen können.)

Es wäre, wie bereits bei der Gründung des Weltbundes vorgesehen wurde, notwendig, eine *Stelle in Österreich* zu schaffen, deren Aufgabe es sein müßte, in Zusammenarbeit mit dem Weltbund die Verbindung mit den Auslandsösterreichern aufrecht zu erhalten. Der Ministerrat beauftragte bereits das Außenministerium, eine Kommission einzusetzen, um diese österreichische Stelle vorzubereiten, die die Probleme der Auslandsösterreicher in Zusammenhang mit dem Weltbund zu behandeln hätte. Es besteht sogar der Plan, in den einzelnen Bundesländern Zweigstellen dieses Kuratoriums zu schaffen, damit die Filialstellen der Bundesländer mit den eigenen Landsleuten im Ausland die Verbindung aufnehmen und aufrechterhalten. Die Heimat müßte *Vortragende* in das Ausland senden, um die Auslandsösterreicher über die Verhältnisse in der Heimat zu informieren; ferner *Jugendzeitschriften* und *Bücher* zur Verfügung stellen, für die Mitteilungsblätter und Zeitschriften der Vereine informative Artikel und Bilder liefern usw.
Die *wirtschaftlichen Aspekte des Auslandsösterreichertums* können gar nicht hoch genug eingeschätzt werden. Die Auslandsösterreicher, die in der ganzen Welt verstreut leben, bedeuten bei entsprechender Organisierung einen hohen Aktivposten... Der Erfolg ist ziffernmäßig schwer zu erfassen, nachweisbar aber ist es, daß z.B. die großen Exporterfolge der Schweiz bis zu einem gewissen Grad auf das Konto der in den verschiedenen Ländern der Welt gut organisierten Schweizer Kolonien zu buchen sind.
...Es wird angeregt, daß die österr. Behörden eine Werbetätig-

keit in diesem Sinn entfalten, daß sie einen ständigen Kontakt zwischen Exportwirtschaft und Auslandsösterreichern fördern. Die Außenhandelsdelegierten könnten in den Österreich-Vereinen aufklärende Vorträge halten, es gibt sicher sehr viele Österreicher im Ausland, die sich gerne in den Dienst der heimischen Wirtschaft stellen würden... Man konnte z. B. in mehreren Fällen feststellen, daß österreichische Erfindungen im Ausland mit Hilfe von Auslandsösterreichern verwertet wurden. Und vieles andere.
Mit diesen kurzen Hinweisen unternahm man den Versuch, die Bedeutung und die Größe des Problems des Auslandsösterreichertums vom Gesichtspunkt der Heimat und im Interesse der Auslandsösterreicher selbst aufzuzeigen. Die jetzige Stimmung unter den Auslandsösterreichern und die Vorbedingungen in der Heimat schaffen *eine einmalige Chance zum Aufbau des Zehnten Bundeslandes.*
Der Weltbund der Österreicher im Ausland ist ein ernster, ernstgemeinter, aber nur schwacher Versuch zur Lösung dieses Problems. Dazu wäre die Hilfe aller österreichischer Stellen und nicht zuletzt die Hilfe des österreichischen Nationalrats nötig.

Soweit also das, natürlich gekürzte, erstaunlich aktuelle Urprotokoll vom September 1952.
Zum Präsidenten des Zentralverbandes wurde Professor Dr. Hans Nawiasky gewählt, Generalsekretär war Paul Pereszlényi, Zürich. Wie wichtig die Gründung dieser Organisation erschien, beweist die Teilnahme des österreichischen Gesandten Dr. Wildmann und des überzeugten, wortgewandten Experten in allen Österreichfragen, damals Generalkonsul in New York, Dr. Franz Helmut Leitner, der immer witterte, wo etwas für sein noch in Nachkriegsleiden darniederliegendes Österreich zu erreichen war und sich geradezu fanatisch dafür einsetzte. Er sollte es in den nächsten Jahren noch oft beweisen, fast wäre er Präsident des Auslandsösterreicherwerks geworden, sein plötzlicher, früher Tod verhinderte es. Der Bankier

Richard Kronstein, in der Schweiz lebend, stand an der Spitze des Finanzausschusses; eine Zeitschrift – ein Monatsblatt – sollte erscheinen. Es wurde »Der Auslandsösterreicher« genannt.

Das also war der Beginn des Weltbundes der Österreicher im Ausland. Dem Protokoll dieser ersten Sitzung entnimmt man, daß die Hauptprobleme gleichgeblieben sind – Meldepflicht, Doppelstaatsbürgerschaft, Wahlrecht u. a. –, daß aber auch vieles verbessert oder erreicht werden konnte. Ganz offen gesagt: Wenn eine vierzig Jahre bestehende Organisation die erstrebten Änderungen nicht schaffen könnte, dann hätte sie kaum Daseinsberechtigung. Der Weltbund aber hat bewiesen, daß er seine Aufgaben erkannte, daß er als einzige offizielle Organisation der Auslandsösterreicher Ansehen genießt und viele Hoffnungen unserer Landsleute erfüllt. Es wurde mit denkbar bescheidenen Mitteln das Menschenmögliche getan. Als bester Beweis hierfür dient wohl die Tatsache, daß sich die Österreicher in aller Welt immer wieder an ihn wenden und daß sie sich mit Freude in der Heimat zu den alljährlichen Tagungen treffen, wo sie – befriedigt und dankbar – die Erfolge feststellen können, die man erreichte.

Und das wäre ohne die Zusammenarbeit mit dem Auslandsösterreicherwerk kaum möglich gewesen.

Das Auslandsösterreicherwerk

Undenkbar, daß der Wunsch jedes einzelnen Auslandsbürgers genau an die zuständige Stelle in Österreich herangetragen wird; undenkbar, daß es nicht auch Wünsche gibt, die einfach unerfüllbar sind, von vornherein oder aus technischen oder irgendwelchen anderen Gründen. Es mußte sohin eine Stelle geschaffen werden, die kompetent ist, womöglich von Vertretern der verschiedensten Ämter besetzt, denn vielfältig wie die Anliegen der Inlandsbürger sind die Probleme der Auslandsbürger. Wie schon bei der Gründung des Weltbundes angeregt,

konnte nun endlich, nachdem die Besatzungsmächte Österreich verlassen hatten, der brennende Wunsch verwirklicht werden, den unsere Landsleute dies- und jenseits der Grenzen gleichermaßen hegten: die Bildung einer offiziellen Stelle mit Sitz in Wien: am 25. Mai 1955 *wurde das Auslandsösterreicherwerk gegründet.*
Der feierliche Akt fand im Palais Pallavicini auf Grund eines Ministerratsbeschlusses statt. Vorstandsmitglied Alain Stuchly-Luchs begrüßte die aus allen Sparten des öffentlichen Lebens gewählten Vorstandsmitglieder im Namen des Proponentenkomitees, und Außenminister Leopold Figl hielt die Festrede. Er würdigte die Verdienste des Weltbundes in den vergangenen Jahren und hob hervor, daß es gerade die Auslandsösterreicher waren, die in der ganzen Welt dazu beitrugen, Verständnis für den Wunsch nach einem freien Staat zu wekken. Ob nun in Vereinen zusammengeschlossen oder als Einzelperson, sie zeugten in Worten und in Taten von ihrer Liebe und Treue zur alten Heimat, deren beste Vertreter sie wurden. Als man am 27. April 1955 die Zehnjahrfeier des Wiedererstehens der Republik Österreich in Wien feierte, veranstalteten unsere Landsleute in allen Städten des Auslands ebensolche Feiern, bei denen ihre enge Verbundenheit mit der Heimat sinnfällig zum Ausdruck kam. Eine glückliche Vorbedeutung war es, daß die Gründung des Auslandsösterreicherwerks zur gleichen Zeit wie der Österreichische Staatsvertrag zustande kam.
Außenminister Figl betonte vor allem, daß *dem Bestreben der Auslandsösterreicher, Kontakt mit der Heimat zu finden und zu bewahren, auch die Heimat Rechnung zu tragen habe.* Wörtlich sagte er: »Dies geschieht am besten durch die Schaffung des Auslandsösterreicherwerkes, das für die Herstellung engerer Beziehungen zwischen unsern Landsleuten im Ausland und in der Heimat wertvolle Dienste zu leisten imstande ist.«
Die Liste der Vorstandsmitglieder soll angeführt werden, um zu beweisen, wie sehr man sich bemühte, für alle Probleme, seien es Anfragen, Streitfragen oder bloße Auskünfte, offizielle oder offiziöse Stellen zur Lösung zu finden:

Präsident:
Prof. Clemens Holzmeister

Vizepräsidenten:
Nat. Rat Franz Dworak (Bundeskammer)
Landespräsident Bruno Marek (Messe-AG)

Vorstandsmitglieder:
Leg. Rat Dr. Georg Afuhs, Außenamt,
Paul Bernecker, Fremdenverkehrswerbung,
Gen. Dir. Dr. Ing. Raimund Gehart, Wirtschaft,
Dir. Dr. Fritz Hummel, Versicherung,
Dr. Franz Korinek, Bundeskammer,
Min. Rat Dr. Langer-Hansel, Fremdenverkehrswerbung,
Kom. Rat Dr. Ing. Fritz Maix, Bundeskammer,
Stadtrat Hans Mandl, Kultur,
Min. Rat Ing. Ernst Marboe, Bundestheater-Verwaltung
Sekt. Chef Dr. Fritz Meznik, Presse,
Prof. Dr. Hans Nawiasky, Weltbund – Präsident,
Kom. Rat Hans Poppovic, Wirtschaft,
Dr. Franz Sobek, Organisation,
Konsul Alain Stuchly-Luchs, Liga d. Vereinten Nationen,
Dr. Stefan Übelhör, Rundfunk, Kultur,
Dr. Vinzenz Üebleis, Ö. Bundesbahnen,
Direktor Gustav Weigl, Länderbank,
Botschafter Dr. Karl Wildmann, Gen. Sekr. d. Außenamtes.

Generalsekretär des Weltbundes Dr. Paul Pereszlényi, der in Vertretung Professor Nawiaskys erschienen war, hielt die Dankrede in jener denkwürdigen Sitzung. Nochmals betonte er, daß eine Zusammenarbeit nur auf Grund uneingeschränkten Vertrauens möglich wäre. Der Weltbund sei keine »Interessenvertretung« der Auslandsösterreicher gegenüber der Heimat, die nur Forderungen zu stellen habe, sie sei vielmehr bestrebt, vor allem die Österreicher im Ausland zur Treue zur Heimat aufzurufen, ihren Zusammenschluß in Vereine zu fördern, um dadurch die Grundlage für eine Zusammenarbeit zwischen den

Landsleuten im Ausland und im Inland zu schaffen und weiterzuführen.

Präsident Clemens Holzmeister, der für seine Ernennung zum Präsidenten dankte, hielt damals seine erste, mit sprühendem Elan vorgetragene Rede vor Auslandsösterreichern, der noch so viele folgen sollten. Er war im wahrsten Sinn die Galionsfigur des Werkes, selbst jahrelanger Auslandsösterreicher, weltbekannt, einfallsreich, ein Autokrat reinsten Wassers. Vielleicht hat er vielen Inlandsösterreichern überhaupt erst den Begriff des Auslandsösterreichers nahegebracht. Er war ein blendender Redner, er duldete keinen Widerspruch. Es hätte auch keiner einen gewagt, allzu dominant war seine Persönlichkeit... Es hat dem Auslandsösterreicherwerk jedenfalls nur genützt, wenn er seinem Publikum schwungvoll die Aufgaben dieses Werkes in glänzender Diktion vortrug, die diesem Publikum zwar bekannt waren, die es sich aber sicher tiefer einprägte, wenn dieser Allroundkünstler bühnenreif das Wort ergriff (nicht von ungefähr ist Holzmeisters Tochter eine unserer besten Burgschauspielerinnen!). Er führte aus, daß es die Aufgabe des neuen Werkes sei, die Beziehungen zwischen Auslandsösterreichern und Heimat auf staatspolitischem, kulturellem, sozialem und wirtschaftlichem Gebiet auszubauen und enger zu gestalten und daß es deshalb die Wahrnehmung der Interessen der Auslandsbürger bei allen zuständigen offiziellen und sonstigen Stellen übernehme. Presse und Rundfunk hätten sich für die Pflege dieser Beziehungen durch entsprechende Aufklärungs- und Propagandatätigkeit einzusetzen. Besonderes Gewicht müsse auf das Schul- und Volksbildungswesen gelegt werden, um schon die heranwachsende Jugend mit den vielseitigen Wechselbeziehungen zwischen Heimat und Auslandsösterreichertum bekannt zu machen, denn gerade diese zukünftigen Berufstätigen könnten einmal in wichtigen Schlüsselpositionen der Wirtschaft, Kultur und Politik eingesetzt sein, um dem Grundgedanken des Auslandsösterreicherwerks, das ja keine zeitgebundene Erscheinung bleiben soll, zu dienen... Eine wichtige Aufgabe bleibe es, die von Österreich auswandernden oder die einwandernden Landsleute in jeder Beziehung zu beraten, um ihnen Geld und nervenkostende Irrwege zu ersparen... Dieses Rahmenprogramm schließe vielerlei andere Aufgaben ein: Vorträge, Bücherdienst, Filmdienst, Organisation und Betreuung von Heimataufenthalten usw. usw.... Da das Werk zufolge eines Regierungsbeschlusses ins Leben gerufen wurde, könne es mit der tatkräftigsten Unterstützung sämtlicher österreichischer Regierungsstellen rechnen. *Wesentlich ist und bleibt das Faktum, daß der Weltbund der Österreicher im Ausland der Hauptpartner des Auslandsösterreicherwerkes ist. Für ihn wurde es geschaffen.* Der Weltbund hat in jahrelanger Arbeit die Organisation der Österreicher-Vereine durchgesetzt und weitergeführt und besitzt daher die tiefste Einsicht in die Probleme unserer Landsleute draußen; der Weltbund wird immer auf Grund seiner praktischen Erfahrungen als Mittler der vielseitigen Wünsche und Vorschläge der Auslandsösterreicher über die Grenzen fungieren.

Dies also die Jungfernrede, gehalten von Professor Clemens Holzmeister. Nach seinem Ausscheiden im Jahr 1975 nimmt ein anderer international bekannter prominenter Inlandsösterreicher die Präsidentenstelle ein: der Verleger Fritz Molden.

Die Präsidenten des Weltbundes 1952–1992

Der Vorstand des Weltbundes wird von den Delegierten in der Hauptversammlung alle zwei Jahre neu gewählt: der Präsident, die beiden Vizepräsidenten und die Vorstandsmitglieder; anfangs sechs, später, als auch die Herzensösterreicher aufgenommen werden, erhöht sich die Zahl. Stimmberechtigt sind die Vereine nach Maßgabe ihrer Mitgliederzahl: 50 zahlende Mitglieder erhalten eine Stimme. Die Präsidenten der letzten vierzig Jahre, von Nawiasky bis Bernardin, sowie der gesamte Vorstand waren in der Materie erfahrene Männer, die schon Jahre zuvor ihr Interesse und ihr Können bewiesen hatten,

Persönlichkeiten, die in ihrem Beruf Erfolge aufzuweisen hatten und sich nun aus Idealismus und aus Überzeugung den Aufgaben des Auslandsösterreichertums widmeten.
Als erster war es der Staatsrechtsprofessor *Dr. Hans Nawiasky*, der in Dornbirn 1954 zum Präsidenten gewählt wurde. Es bestanden bereits 34 Vereine aus 20 verschiedenen Staaten, und obwohl Aufbau und Organisation nach dem bewährten Schweizer Modell errichtet wurden, gab es naturgemäß Geburtswehen, Schwierigkeiten meist finanzieller Natur. So war auch die Hauptversammlung für 1953 vorgesehen gewesen, die dann aus technischen Gründen verschoben werden mußte. Professor Nawiasky, der Präsident der Vereinigung der Österreicher in der Schweiz und Liechtenstein, genoß hohes Ansehen; »zielbewußte und geschickte Führung seines Vereins«, wie es wörtlich hieß, »prädestinierten ihn zur Leitung einer Organisation auf hoher Ebene, wie es der Weltbund sein sollte.« Nawiasky war ein international bekannter Gelehrter, ein aufrechter Österreicher, der im Ersten Weltkrieg Verdienste in seinem Vaterland erworben hatte, der bis zu seiner Enthebung im Dritten Reich in München wirkte und dann eine Berufung an die Handelshochschule in St. Gallen erhielt – die Schweiz wurde seine neue Wahlheimat. »Sein Patriotismus«, so schrieb der »Auslandsösterreicher«, das Mitteilungsblatt der Organisation, »wurzelt nicht im Flugsand oberflächlicher sentimentaler Gefühle, er nährt sich aus dem persönlichen Erleben eines großen, traditionsreichen, kulturverbreitenden Österreich, das zerfiel, dessen Einfluß auf die Entwicklung Europas aber nicht wegzudenken ist... Seine Gestalt ragt aus einer vergangenen Zeit geschichtlicher Größe in die neue Zeit der Wirrnisse hinüber, wo nicht nur Österreich, sondern die ganze Menschheit an einem Wendepunkt angelangt ist. Seinen Blick in die Zukunft leitet die Weisheit, die ihm ein langes und an Erfahrung reiches Leben verlieh... Er schuf die Grundlagen für eine Organisation, die weltumfassend sein sollte...« So also lautete die Laudatio zu seiner Berufung. Seine Thesen legte er nicht nur in dem »Auslandsösterreicher«, sondern auch in Schweizer und öster-

reichischen Zeitungen nieder. Zürich sollte weitere drei Jahre Sitz des Weltbundes bleiben, so beschloß man auf der Hauptversammlung in Wien im September 1955: dort zählte man bereits 73 Delegierte aus 23 Ländern.
Und schon zeigte sich der Stellenwert, den man der neuen Organisation verlieh: Nawiasky konnte seine Eröffnungsrede vor Bundesminister Figl, Dr. Kreisky, Bundesminister Hurdes und anderen Mitgliedern der Bundesregierung halten. Auch die Vertreter des 1955 gegründeten Auslandsösterreicherwerkes nahmen an der Sitzung teil; an Stelle des verreisten Präsidenten Holzmeister sprach Vizepräsident Professor Oberparleiter. Österreich besitze zwar keine politischen Kolonien, sagte er, jedoch patriotische Kolonien, die gepflegt werden müßten. Generalsekretär Paul Pereszlenyi trug den Tätigkeitsbericht vor, und Bundespräsident Theodor Körner gab einen festlichen Empfang, Professor Nawiasky wurde mit einer hohen österreichischen Auszeichnung geehrt. Als er dann 1957 das Amt niederlegte und Dr. Werner die Nachfolge antrat, war er gesundheitlich schwer gezeichnet. Er nahm als gefeierter Gast an einer späteren Weltbundtagung teil, aus alter Treue und Anhänglichkeit, gewiß nicht zu seiner ungetrübten Freude. Da saß er, der geistige Baumeister der Organisation, leicht fröstelnd in einem Lehnstuhl und ließ es sich gerne gefallen, daß der junge Adlatus Botschafter Leitners und die Sekretärin des Weltbundes ihm eine wärmende Decke über die Beine breiteten und sich seiner annahmen, wo es nötig war... Ja, *sic transit*... Sein Verdienst aber bleibt unvergessen.
Daß ihm ein Weltbundpräsident nach seinen Wünschen folgte, war ihm sicher eine Befriedigung. Es war *Generalkonsul Dr. Carl Werner* aus Lugano, Gründungsmitglied des Weltbundes und ein Auslandsösterreicher von Format – in jeder Beziehung. Über fünfzig Jahre lebte er schon in dem Gastland, der Schweiz, stets voll Unternehmungsgeist, ohne die Staatsbürgerschaft zu ändern; ein begeisterter Alt-Österreicher, der gerne erzählte, daß er im Ersten Weltkrieg blutjung bei den Kaiserjägern gedient hatte, verwundet und ausgezeichnet worden war. Erst

nach dem Krieg begann er mit dem Studium an der Hochschule für Welthandel in Wien und den Universitäten in Wien und Bern, in Bern promovierte er. Und dann begann ein hektisches Leben in Industrien, in der Tschechoslowakei, in Deutschland, in England, bis er in der Schweiz landete; immer in leitenden Stellungen, als Unternehmer, als Berater fremder Betriebe. Nebenbei verfaßte er zahlreiche volkswirtschaftliche Schriften und wirkte als Erster Präsident der österreichischen Handelskammer in der Schweiz. Daß dieser vielbeschäftigte Mann aber auch den schönen Künsten zugetan war, das war es, was ihm soviel Freunde auf den Gebieten der Kunst schuf – es gab kaum einen namhaften Künstler in Lugano und Umgebung, mit dem er nicht Kontakt hatte – und in die Schweiz, das Gelobte Land, hatten sich viele Künstler zurückgezogen. Sein Schönheitssinn war legendär; wer seinen zauberhaften Besitz in Lugano-Castagnola besuchte – denn er bekleidete auch das Amt eines Honorarkonsuls –, der stand bewundernd vor seinen exotischen Pflanzen, den Orchideen und Palmengewächsen, die er züchtete und die eine Sehenswürdigkeit in dem Schweizer Ort bildeten, der doch so reich an schönen Gärten ist. Seinem Ehrgeiz – es war auch etwas Eitelkeit dabei – hat es bestimmt geschmeichelt, als man ihn zum Präsidenten des Weltbundes wählte – es war aber gewiß nicht ein Amt zusätzlich zu seinen vielfachen Verpflichtungen, es war ihm eine Herzens- und Ehrensache.

In jeder Nummer des »Auslandsösterreichers« erschien ein Programmartikel aus seiner Feder mit der Überschrift: »Liebe Auslandsösterreicher!«; und bei allen Veranstaltungen hielt er seine Propagandareden für Österreich, die er schnell, fast kann man sagen, herunterhaspelte, und das, weil er soviel zu sagen hatte, weil ihm soviel einfiel; der Weltbund bestand noch nicht lange, also mußte viel erklärt werden. Er hatte eine fast kindliche Freude über jeden Erfolg – man wird sich erinnern, mit welch strahlendem Gesicht er sich photographieren ließ, als ihm die Stadträtin Jacobi in Wien das erste Babypaket überreichte, das von nun an auch Auslandsösterreicher-Kinder bekommen sollten. In Wien wohnte er im Sacher – denn er hielt viel von Dekorum, und er fuhr einen blendend weißen Wagen, dem das CC-Zeichen besonderen Glanz verlieh. Unvergeßlich, wie er einer allzu anhänglichen, um nicht zu sagen zudringlichen nicht mehr ganz jungen Dame, die ihn bis zum Sacher verfolgte, durch einen Hinterausgang zu entwischen suchte, lachend wie ein junger Spitzbub und durchaus nicht »präsidentiell«. Das gehört so zu den sympathischen Facetten, die einem würdigen Prominenten menschliche Lichter aufsetzen. Unvergessen aber auch die schönen Tage der Vorstandssitzung in Lugano, bei der sich nicht nur die Vorstandsmitglieder, sondern auch hohe Gäste der Regierung einfanden. Da spielte alles mit: die wunderbare Landschaft, die Blumen im Garten, das gepflegte Haus mit den österreichischen Bildern, die Gastfreundschaft, das Ambiente…

Der Nachfolger Dr. Werners (1963) hatte von Anfang an in der Organisation mitgewirkt, wenn auch in anderer Funktion: *Dr. Karl Graf Demblin de Ville-Canon*, ein Mann der ersten Stunde, Vorstandsmitglied, *der* Jurist des Weltbundes. Er entstammte einer altadeligen österreichischen Diplomatenfamilie, besuchte das Gymnasium in München, Berlin und Wien, wo er 1938 maturierte. Von Anfang an war er in der katholischen Jugendbewegung führend tätig. Nach einer schweren Kriegsverwundung studierte er in München und Stuttgart, promovierte zum Doctor iuris in Tübingen, ließ sich als Anwalt in Stuttgart nieder und gründete den Verein der Österreicher in Baden-Württemberg. Im Jahr 1954 wurde er zum Vizepräsidenten des Weltbundes gewählt, dem er als Vorstandsmitglied bereits angehört hatte; und dann, 1963, wählte man ihn zum Präsidenten des Weltbundes, ein Amt, das er bis 1967 und dann nochmals 1977 bis 1979 ausübte.

Dr. Karl Demblin ist geeichter Redner, er vertrat seine Ansichten mit Nachdruck und in gemeißelter Form, als Meister des Barreaus. Stets war er bemüht, die aus verschiedenen Regionen kommenden Auslandsösterreicher zusammenzuhalten, durch rege Korrespondenz, durch Reisen, durch Artikel, wo dies möglich war. Ein besonderes Anliegen, das später durch Frau Walek-Doby verwirklicht werden konnte, war ihm die Erfassung der Jugend; er, der selbst Vater von fünf Kindern ist, weiß, daß es nicht leicht ist, in ihnen die Liebe zur – unbekannten – Heimat der Eltern wachzuhalten. Die Zusammenarbeit mit dem Auslandsösterreicherwerk erscheint ihm wesentlich, und da er zugleich in den »Fonds zur Unterstützung österreichischer Staatsbürger im Ausland« kooptiert wurde, führt ihn die Fahrt oft nach Wien, wo er bei leitenden Stellen manches erreichen konnte. Die Vorstandssitzungen, die er in seiner Stuttgarter Villa und dem wunderschönen Schwarzwälderhaus gab, blieben unvergessen.

Die entschiedene Ablehnung Dr. Demblins, weiter für die Präsidentenstelle zu kandidieren, wäre sicher noch schmerzlicher für den Vorstand gewesen, wenn sich Dr. Demblin nicht bereit erklärt hätte, als »Fußvolk«, wie er es nannte, weiter mitzuarbeiten, und wenn er nicht mit einem Nachfolger hätte rechnen können, den er seit Jahren als Vorstandsmitglied kannte und schätzte: er kam aus dem Süden, aus Mailand. Er hieß *Wilhelm Rybin*. Ebenfalls von der ersten Stunde, seit Dr. Werners Zeiten, dabei, langjähriger Präsident des Landesverbandes Italien, Kaufmann und Industrieller, ein Praktiker, der sich mit südlichem Temperament für die österreichische Sache einsetzte. Auch er ist österreichischer Staatsbürger geblieben, obwohl er seit Dezennien in Mailand lebte und dort seine Firma gegründet hatte; einer der ersten, der mit Österreich, das sich mühsam von den Kriegsschäden zu erholen begann, bedeutende Geschäftsabschlüsse zustande brachte. 1947 erwirkte Rybins Firma eine für die damaligen Verhältnisse außerordentlich umfangreiche Lieferung von Stahl und Roheisen, das Italien dringend benötigte. Für Österreich war dies eine der gewinnbringendsten Transaktionen im südlichen Nachbarland. Mit der Konsolidierung der Wirtschaft und dem allgemeinen Aufschwung entwickelte sich die Einzelfirma Rybin zu einem wichtigen Faktor im Stahlverkehr zwischen Österreich, Italien und der Schweiz. Diesem Mann, diesem »königlichen

Kaufmann«, wie er mir immer schien, eignete das gleiche souveräne Auftreten wie seinem Vorgänger Dr. Demblin: ein ausgezeichneter Redner, aktiver Sportler – er flog im eigenen Flugzeug –, intransigent in seinen Forderungen und der Kunst aufgeschlossen. Wer sein Heim in Mailand mit den Gemälden, die jedem Museum Ehre gemacht hätten, betrat, fühlte sich in einer Welt der Schönheit, die ja der prächtigen Stadt Mailand eigen zu sein scheint. Der einzige Sohn des liebenswürdigen Paares Rybin – Lilly Rybin ist Italienerin und voll Verständnis für die Interessen ihres österreichischen Mannes – spielt erste Geige in einem eigenen Kammerquartett, das Weltruf besitzt. Die Firma Rybin wird also keinen Nachfolger haben; wer aber Juan Carlos auf seiner Guarneri spielen hörte – er gab bei mehreren Tagungen Konzerte –, der versteht, daß sich der Vater damit abgefunden hat. Und gerne!

Nachfolger dieses lebendigen, sprühenden Mannes, der stets wie eine an beiden Enden brennende Kerze wirkte, war wieder ein Österreicher aus Deutschland: *Professor Architekt Franz Heinrich Sobotka* aus Berlin (1973–1975). Er trat, wie er sagte, an die Spitze in einem Augenblick, wo Österreichs Stellung in der Welt immer klarere und festere Umrisse gewann, ja, wo man mit einigem Recht von einer Weltmission Österreichs sprechen konnte. Er hat den Fall der Berliner Mauer nicht mehr erlebt, aber er wußte mit dem sicheren Gefühl des Unternehmers und Baumeisters, daß diese Stadt eine große Zukunft besaß, wie sie eine blühende Vergangenheit besessen hatte. Er baute. Tatsächlich hat er – anfangs mit einem Kompagnon, dann praktisch allein – das Bild Berlins mitgeformt. Das Reuterviertel, Pulsader der Weltstadt, wurde von ihm praktisch neu gebaut; er errichtete als erster Unterführungen auf dem schwankenden Boden, die man als waghalsig bezeichnete, aber sie hielten. Die Freie Universität ist sein Werk ebenso wie das Verlagshaus Springer und zahlreiche andere Verwaltungsgebäude großer Konzerne. Über fünfzig Jahre lebte und wirkte er in der Wahlheimat, blieb Paßösterreicher, war in Berlin wie in Wien geehrt und ausgezeichnet; ein Mäzen, großzügig, freigebig, dem es außerdem gelang, mit seinen »Mannen« einen Auslandsösterreicher-Verein in der zweigeteilten Stadt zu fördern. Erst Vorstandsmitglied, dann Präsident des Weltbundes – das war sein – begeistert geleisteter – Tribut an die alte Heimat. Er führte die Agenden weiter, er schrieb und hielt Reden, er gab glänzende Einladungen und sah die Tätigkeit, die er so angestrebt und übernommen hatte, stets als eine ganz persönliche Aufgabe an – ein wenig wohl »ad maiorem gloriam praesidentis...« Gewöhnt, in der Öffentlichkeit zu wirken, wollte er eben auch auf diesem Gebiet brillieren. Hier aber blieb ihm das Glück nicht treu, er wurde als Präsident nicht wiedergewählt.

Denn die Delegierten holten sich wieder den bewährten Dr. Werner in das Präsidium und dann, zwei Jahre später, Dr. Karl Demblin, der sich bereit erklärt hatte, ein letztes Mal zu kandidieren. Im Jahr 1979 betrat ein Homo novus den Präsidentensitz – das heißt, ein völliger Homo novus war er keineswegs gewesen, er war schon zwei Jahre zuvor in einer Blitzkarriere zum Vizepräsidenten gewählt worden. Daß *Dante Bernardin* aus Lissabon jetzt die erste Stelle einnahm, wunderte niemanden, der ihn kannte. Der Weltbund hat mit ihm einen ganz glücklichen Griff getan, was allein schon die Tatsache zeigt, daß er seit mehr als zwölf Jahren als Präsident des Weltbundes wirkt, daß er immer wieder – mit großer Mehrheit oder einstimmig – gekürt wurde. Er ist in Rumänien geboren, Auslandsösterreicher in der dritten Generation und lebte selbst 35 Jahre im Ausland. Er kennt wie kaum ein anderer die Probleme der Auslandsösterreicher, er kennt die Benachteiligungen, die es noch immer gibt. Obwohl er fern der Heimat im westlichsten Teil Europas lebt und einen besonders verantwortungsvollen Beruf zu meistern hatte – er leitete als Geschäftsführer eine der größten ausländischen Firmen in Lissabon, die nach der Revolution als eine der ganz wenigen in Portugal bleiben durfte – aber unter welchen Schwierigkeiten! –, kämpfte er unentwegt und zäh um die Rechte seiner Landsleute; er hält Vorstandssitzungen und Generalversammlungen ab, besucht Österreich-Vereine in aller Welt; er beweist in seinen Artikeln, seinen Reden und Wechselreden, den privaten Gesprächen, stets eine Kenntnis der Materie, die zum Ziel führen muß. Seine konkreten Pläne betreffen vor allem die Jugendarbeit, die Intensivierung der Vereinsarbeit auf breiter Basis, die engere Zusammenarbeit mit überseeischen Vereinen, ebenso mit der Burgenländischen Gemeinschaft; und für alle diese Aufgaben hat er sich ein Team geschaffen, das beste Erfolge aufzuweisen hat und das seinerseits Sorge für die Durchführung trägt.

Ein besonderes Anliegen ist ihm die Arbeitsteilung zwischen Weltbund und Auslandsösterreicherwerk, die Abgrenzung ihrer Kompetenzen. Der Weltbund als einziges demokratisch gewähltes Organ, faßt die im Ausland bestehenden Österreich-Vereine und die im Ausland lebenden Österreicher zu einem Dachverband zusammen, um ihre gemeinsamen Interessen zu wahren, die Verbindung aller Mitglieder untereinander und mit der Heimat zu pflegen und so Österreich zu dienen. Die Aufgabe des Auslandsösterreicherwerkes ist die Wahrnehmung der Interessen und die Vertretung der Wünsche der Auslandsösterreicher bei den zuständigen österreichischen Stellen sowie die Betreuung der Landsleute jenseits der Grenzen auf kulturellem, wirtschaftlichem, sozialem und rechtlichem Gebiet in Zusammenarbeit mit dem Weltbund der Österreicher im Ausland aus den dafür zur Verfügung gestellten Mitteln, was in den vergangenen Jahren bereits mit großem Erfolg gehandhabt wurde.

Als »gelernter« Industriekaufmann bringt Präsident Bernardin alle seine Forderungen sachlich und präzise vor; sein Auftreten ist konziliant, aber unbeirrbar. In seine Funktionsperiode fielen manche Skandale in der Heimat, es fanden einschneidende Veränderungen statt – und solche Dinge bekommen die Auslandsösterreicher oft besonders schmerzlich zu spüren. Der Person und dem diplomatischen Geschick des Präsidenten war es weitgehend zu verdanken, daß der Weltbund keinen Schaden an solchen Störungen erlitt. Ohne die Initiative, ohne den Einsatz Dante Bernardins wäre das kaum möglich gewesen, ohne sein Auftreten: *fortiter in re, suaviter in modo*... Der Wunsch ist wohl einhellig, daß er seine Pläne – sie sind ja

praktisch in dieser Festschrift festgehalten – noch lange weiterverfolgen können wird, wirkungsvoll und treu unterstützt von seiner ge- und beliebten Gattin Gerty.
Bei der Hauptversammlung, die Dante Bernardin wählte, waren Vertreter folgender Vereine anwesend: Bundesrepublik Deutschland, Brasilien, Chile, Dänemark, Dubai, Frankreich, Italien, Kanada, Neuseeland, Niederlande, Peru, Portugal, Schweden, Schweiz, Spanien, USA.
Bereits in der ersten Vorstandssitzung in Wien 1980 erwies es sich, daß Dante Bernardins Programm positiv aufgenommen war: alle Vorstandsmitglieder waren gekommen, und einhellig plädierten sie für die weitere Selbständigkeit des Weltbundes, ebenso aber auch für eine enge und gute Zusammenarbeit mit dem Auslandsösterreicherwerk. Die Vorsprachen des Präsidenten bei Bundespräsident Kirchschläger, bei Außenminister Pahr, Generalsekretär Reitbauer und bei der »Burgenländischen Gemeinschaft« bewiesen die Wertschätzung, die der Weltbund bei den öffentlichen Stellen des Inlandes genoß.

Die Generalsekretäre

Ausführende Organe der eingeleiteten und beschlossenen Tätigkeiten des Weltbundes sind die Generalsekretäre, die ihren Sitz in Wien haben. Der erste Generalsekretär des Weltbundes befand sich allerdings nicht in Wien, sondern in Zürich, wo der Weltbund gegründet wurde, es war *Dr. Paul Pereszlényi*, den man »die Triebkraft, fast könnte man sagen, die Seele der bedeutsamen Organisation der Auslandsösterreicher« nannte. Er war Journalist und machte bei den Schweizer Blättern, bei denen er arbeitete, gute Propaganda für Österreich – ein Alt-Österreicher, der, gemeinsam mit Dr. Nawiasky, an der Wiege der neuen Organisation stand. Er nahm an den ersten Weltbund-Sitzungen in Wien teil, hielt den Tätigkeitsbericht, wie er ihn bereits auf der Hauptversammlung im Jahr 1955 gehalten hatte. Es war ein schwerer Verlust für das junge Unternehmen, als

Pereszlényi im September 1957 plötzlich starb, vor allem auch, weil ihm die letzten Monate durch lästige und unwürdige Querelen verlegerischer Natur – es erschien bereits das Blatt »Der Auslandsösterreicher« – vergällt worden waren.
Sein Nachfolger *Otto Max Vancsa*, von seinen Freunden »Otax« genannt, wurde, allerdings mit Hilfe des Auslandsösterreicher-Vertreters im Außenamt, Gesandten Dr. Georg Afuhs, mit ihnen fertig. Der Generalsekretär, damals sowohl für Weltbund wie Auslandsösterreicherwerk zuständig, hatte bereits sein Büro in Wien, erst in der Augustinerstraße, dann im Österreich-Haus – Palais Palffy – und schließlich das Büro in der Fahnengasse, dem Wiener besser bekannt als Herrengasse (wo sich auch ein Eingang befand), denn dort steht das legendäre erste Wiener Hochhaus, viel bestaunt und viel besucht. Seit sich das Generalsekretariat der beiden Auslandsösterreicher-Organisationen in dem Gebäude befindet, gibt es freilich das hübsche Kaffeehaus nicht mehr, von dessen Terrasse man einen so schönen Blick über Wien hatte... Otto Max Vancsa residierte also mitten in der Inneren Stadt, er wohnte auch dort und war eine recht bekannte Erscheinung, wenn er, nicht sehr groß, mit dicken Brillengläsern und mit flott schief aufgesetztem Hut durch die Straßen wanderte. Man mochte ihn gern, diesen begabten und nicht allzu arbeitswütigen Mann, der das Zeug zu einem Künstler in sich hatte – seine Karikaturen, die er schnell auf alle möglichen Zettel kritzelte, waren umwerfend komisch. Da er seinen »Posten« sozusagen erst kreierte, bemühte er sich vor allem um ein weltmännisches Dekorum, er hat sich immer als eine Art Gesandter oder Botschafter angesehen, als Diplomat des Zehnten Bundeslandes eben, das er zu betreuen hatte. Er hätte liebend gerne ein ansehnliches, vornehmes Büro mit einer Reihe distinguierter Angestellten gehabt – wie oft stellte er bittere Vergleiche mit der Schwesternorganisation in der Schweiz an, die geradezu mit einem Hofstaat brillierte –, er ist so gerne »aufgetreten«, er hat sich so gerne »dargestellt«. Seine Tätigkeit, sein Büro hatte dementsprechend so etwas wie künstlerischen Charme, man nahm es nicht so genau, aber

niemand hätte ihm das nachgetragen, im Gegenteil. Sein Entgegenkommen, sein freundliches Benehmen, sein sichtliches Bemühen, Härten zu vermeiden, brachte ihm die Sympathien des gesamten Zehnten Bundeslandes ein, ob er nun das Gewünschte wirklich erreichte oder nicht. So fand er sich auch mit der Tatsache, daß gerade er in einem kleinen Raum, mit einer einzigen Hilfskraft auskommen mußte, mit Würde und Humor ab. Daß bei diesem kleinen Betrieb nicht immer alles so lief, wie man gern wollte, daß zuweilen großzügige Lösungen minutiöser Kleinarbeit vorgezogen wurden, das war eben nicht zu vermeiden. Immer aber gelang es ihm, bei Sitzungen und Veranstaltungen Debatten zu beschwichtigen, Wogen zu glätten, kurz, »österreichische« Lösungen zu finden.
Als Otto Max Vancsa im März 1967 aus freien Stücken in den Ruhestand trat, wurde er nicht nur mit hohen Auszeichnungen geehrt, er blieb auch Vorstandsmitglied des Auslandsösterreicherwerks und des »Fonds zur Unterstützung österreichischer Staatsbürger im Ausland«; außerdem gehörte er dem Komitee an, das über die Gestaltung der Feiern zum »Jahr des Zehnten Bundeslandes« (1969) entschied.
Sein Nachfolger schien in vielen Stücken geradezu sein Gegenteil zu sein: *Paul Balkany* war Kaufmann, Unternehmertyp; dreißig Jahre lang hatte er den Österreicher-Verein in Istanbul geleitet – also in gutem Kontakt mit Professor Holzmeister, der dort seine großen Regierungsgebäude baute; er nahm bereits an der Weltbund-Hauptversammlung 1954 in Wien teil und wurde bald in den Vorstand gewählt. Vierzig Jahre lang hatte er sich mit Auslandsösterreicherfragen beschäftigt; hatte aus dem kleinen türkischen Verein ein angesehenes Unternehmen gemacht, veranstaltete große Bälle, zu denen die Regierungsmitglieder der Türkei, aber auch österreichische Prominente kamen – so Bundesminister Dr. Drimmel –, hatte ein besonders gutes Verhältnis zu dem St.-Georgs-Kolleg in Istanbul, das (mit Guatemala) das einzige rein österreichische Kolleg im Ausland ist. Er war also der gegebene Mann für den vakant gewordenen Generalsekretärsposten, den er, kurz zuvor endgültig in seine Hei-

matstadt Wien zurückgekehrt, energisch antrat. Die finanziellen Probleme, die sich in dem sparsam dotierten Unternehmen zwangsläufig ergaben, suchte er als geborener Kaufmann zu meistern; ein sachlich-nüchterner Stil trat an die Stelle der heiter-großzügigen Art seines Vorgängers, und dies gewiß zum Nutzen des Weltbundes und des Auslandsösterreicherwerkes. Denn auch Paul Balkany war Generalsekretär beider Organisationen, ja, er übernahm sogar noch einen dritten Generalsekretärsposten, nämlich den des »Fonds zur Unterstützung österreichischer Staatsbürger im Ausland« – eine soziale Einrichtung, auf die noch später näher eingegangen werden wird. Mit großer Hingabe beteiligte er sich an der Vorbereitung der Hauptversammlungen in den Bundesländern; stets darauf bedacht, auch nach außen hin als der kompetente, befugte Vertreter der Auslandsösterreicher aufzutreten – schließlich hatte er doch so lange im Ausland gelebt und kannte die Probleme von beiden Seiten. Daß er die eigene Person gern in den Vordergrund schob – wer hätte ihm das verdacht! Er freute sich über die Ehrungen, die ihm zuteil wurden – er zeigte gern seine Orden, und besondere Genugtuung bereitete ihm die Verleihung des Hofrat-Titels...

Aber auch seine Zeit lief ab. Im Alter von 76 Jahren zog er sich endgültig in das Privatleben zurück und war fortan nur mehr als Gast bei den Veranstaltungen zu sehen.

Sein Nachfolger wurde von Aus- wie von Inlandsösterreichern gleichermaßen mit Freude begrüßt: Es war Gesandter i. R. *Dr. Dkfm. Harald Klein*, der wie kaum ein anderer mit dem Auslandsösterreichertum verquickt ist. Von vielen Warten aus betreute er die Landsleute im Ausland: als a. o. Gesandter in der Auslandsösterreicher-Abteilung des Außenamts, als Generalkonsul in Zürich und München, als Vorstandsmitglied des Auslandsösterreicherwerks, als Redakteur der Rubrik »Zehntes Bundesland« in der Zeitschrift ROT-WEISS-ROT, von 1976 bis 1982 als Generalsekretär beider Organisationen und dann in Personalunion mit Hofrat Auer als Generalsekretär des Weltbundes. In all den Jahren, die er sich dem Auslandsösterreicher-

tum widmete, hat er sich weder in seiner Einsatzfreude noch in seiner Durchschlagskraft, noch in seiner subtilen Kenntnis aller einschlägigen Probleme, noch in seiner ständigen Präsenz, wenn es Schwierigkeiten zu lösen gab, verändert. 1982 dankte er ab – die Verbindung zu seinem Amt, das er so ernst nahm und so pflichtbewußt erfüllte, blieb bestehen: Dr. Klein redigiert die Rubrik »Zehntes Bundesland« und wird dies hoffentlich noch sehr lang tun.
Nun fungiert *Hofrat Alexander Auer* als Generalsekretär des Auslandsösterreicherwerks und als Chefredakteur der Zeitschrift ROT-WEISS-ROT. Er ist, wie sein Vorgänger, ein hervorragender Kenner der Materie; war jahrelang Kulturrat in der Österreichischen Botschaft in Moskau, dann Leiter der österreichischen Kulturinstitute in Warschau und Paris. Vorher leitete er die Kulturabteilung des Außenministeriums, nachdem er eine Amtsperiode als Präsident des Österreichischen Colleg (Forum Alpbach) absolviert hatte. Polyglott, ein Mann aus dem Kulturleben Österreichs nicht wegzudenken, hat Hofrat Auer Reisen in alle Erdteile unternommen und sich so einen Fundus an Kenntnis von Auslandsösterreicher-Problemen geschaffen, der jetzt unsern Landsleuten draußen zugute kommt... *der* Weltmann im Zentrum der Auslandsösterreicher-Betreuung.
Der Weltbund wächst, die Aufgaben werden zahlreicher und komplizierter. Es erschien daher unmöglich, alle diese Verrichtungen in einer einzigen Hand zu lassen, und obwohl die Anliegen des Weltbundes und des AÖW auch ideell zusammenlaufen, so ergab sich doch die Notwendigkeit, sie nun zu trennen, sie zwei verschiedenen Personen zu übergeben, die natürlich in engem Kontakt bleiben. So übernahm *Dipl. Ing. Wolfgang Reiler* das Generalsekretariat des Weltbundes, während Hofrat Alexander Auer das Auslandsösterreicherwerk beibehielt. Dipl. Ing. Reiler ist mit allen Auslandsösterreicher-Aufgaben bestens vertraut; er war 10 Jahre lang Präsident des Österreicher-Vereines den Haag und Amsterdam, eines Vereins, der für seine hochwertigen kulturellen Veranstaltungen berühmt war. Mit seiner viel zu früh verstorbenen Gattin

Ingeborg, einer weit über die Grenzen bekannten Malerin, veranstaltete er Feste, zu denen Landsleute auch aus anderen Vereinen mit Freunden kamen. Unvergeßlich eine Vorstandssitzung in der schönen Wassenaarer Villa Reilers, zu der außer dem Präsidenten Rybin auch Professor Holzmeister und der gesamte damalige Vorstand kamen – keine Hauptversammlung hätte schöner gefeiert werden können. Als Wolfgang Reiler in den Ruhestand trat, kam das Ehepaar nach Österreich zurück. Die langjährige Erfahrung, die Wolfgang Reiler in Holland gewinnen konnte, kommt nun dem Weltbund zugute, dessen Generalsekretär er in den späten Achtzigerjahren geworden ist. Und er erfüllt dieses Amt mit dem gleichen Eifer, dem gleichen Verantwortungsbewußtsein, wie er seine Arbeiten draußen erledigt hat. Daß er außerdem nicht nur beruflich, sondern auch persönlich mit seinen »Kollegen« Dr. Klein und Hofrat Auer befreundet ist, bedeutet ein besonderes Atout für den Erfolg.
Diesen führenden Funktionären steht der Stab des Vorstands zur Seite, der die Agenden übernimmt, sowohl im eigenen Kreis seines Vereins wie vor allem im Interesse der Gesamtheit, der Dachorganisation, die einen gewichtigen Faktor in der österreichischen Politik darstellt. Er wird von den Delegierten vorgeschlagen und in der Hauptversammlung demokratisch gewählt; die jeweilige Stimmenzahl der Vereine richtet sich nach der Zahl der gemeldeten Vereinsmitglieder, je 50 Mitglieder erhalten eine Stimme. Anfangs bestand der Vorstand aus sechs Mitgliedern. Die Zahl wurde beträchtlich erhöht, als, wie schon erwähnt, die Herzensösterreicher aktives und passives Stimmrecht erhielten. Es gibt Vorstandsmitglieder, die seit Jahren wiedergewählt werden; sie haben sich bewährt und dem Weltbund weiterhin zur Verfügung gestellt. Andere schieden aus, entweder aus Alters- oder Krankheitsgründen oder weil sie in die Heimat zurückkehrten. Sie alle bekamen bestimmte Aufgaben zugeteilt, und es war sicher nicht einfach für sie, diese Arbeiten neben den Anforderungen des privaten Berufes und der Vereinstätigkeit zu erfüllen. Denn die meisten dieser Welt-

bund-Vorstandsmitglieder sind in ihren Vereinen »daheim« tätig als Präsidenten, Mitglieder des lokalen Vorstands, Rechnungsprüfer usw. Es gehört also schon eine gehörige Portion Idealismus dazu, eine weitere und so verantwortliche Arbeit im Interesse der Allgemeinheit zu übernehmen, zeitliche und materielle Opfer zu bringen, und dies einzig und allein aus Liebe zur alten Heimat.

Der Dauerbrenner – das Wahlrecht

Die älteste und immer wieder vorgebrachte Forderung der Auslandsösterreicher gilt wohl dem aktiven und passiven Wahlrecht. Daß dieses demokratische Grundrecht jedes aufrechten Bürgers, lebe er nun im Inland oder im Ausland, überhaupt erst erkämpft werden mußte, war an sich schon ein Anachronismus. Doch lag das Hindernis nicht etwa in einer Unterbewertung des Auslandsbürgers oder in dem Vorwand, der »Ausländer« wisse ja doch nichts von den internen Problemen und könne daher nicht mit entscheiden, sondern in bürokratischen Fußangeln, die zumindest durch Kompromisse zu entfernen gewesen wären (Briefwahlrecht!).

In den ersten Weltbundversammlungen bereits stand das Wahlrecht an der Spitze der Forderungsliste; es gab keine Tagung, keine Sitzung, keinen Vorstand, der sich nicht dafür eingesetzt hätte; zahlreiche Vorsprachen bei den Regierungsstellen blieben ebenso erfolglos wie die Eingaben der offiziellen amtlichen Vertreter und die Flut der Schriften der Auslandsösterreicher selbst.

Es war ein ganz großer Augenblick, als Dr. Klaus P. Heiß, Auslandsösterreicher in Washington, empört über die Verweigerung dieses Rechts – dieses schon im Staatsgrundgesetz enthaltenen Prinzips »Gleiches Recht für alle!« –, eine Beschwerde beim Verfassungsgerichtshof einbrachte. Und das Erkenntnis der dreizehn Höchstrichter fiel zugunsten des Beschwerdeführers aus. Es war der 16. März 1989 – ein historischer Tag. Ein

dornenvoller Weg schien zum ersehnten Ziel geführt zu haben...
Das Auslandsösterreicherwerk gab in richtiger Einsicht der Bedeutung dieser geradezu epochalen Entscheidung ein Sonderheft der Zeitschrift heraus, das nicht nur die aufreibende Vorgeschichte in allen Einzelheiten, den endlichen Erfolg, sondern auch die technischen Klauseln, die sich zur großen Enttäuschung ergaben, festhält. Das Heft wurde den Vereinen zugesandt – es ist eine Pflichtlektüre. Zugleich glauben wir, daß es sich erübrigt, in diesem Buch im Detail auf sie einzugehen – in dem Heft steht alles.
Die Sisyphusarbeit ist geleistet, der Stein ist hinabgestoßen. Die Steinchen, die noch auf dem Weg liegen, werden die nimmermüden Vertreter des Zehnten Bundeslandes auch beseitigen können – dessen sind wir gewiß!

Soziales Programm des Weltbundes

Es begann mit der Nächstenliebe...

Das klingt vielleicht pathetisch, aber es war so. Die meisten österreichischen Gemeinschaften, die sich im Ausland fanden und zusammenschlossen, begannen als Hilfsvereine. Viele nennen sich heute noch so, und auch jene, die sich nicht so nennen, sehen einen wesentlichen Faktor ihrer Tätigkeit in der Unterstützung notleidender Landsleute; in der Hilfe für Neuankömmlinge, die sich die Grundlagen ihrer Existenz schaffen müssen. Sie arrangieren Sammlungen, sie begehen Feste und Vereinsabende, deren Erträge den Bedürftigen zufließen. Die gewählten Vertreter ihres Vereins stellen Anträge bei den offiziellen Stellen, wenden sich an die zuständigen Behörden, vor allem natürlich an die der alten Heimat, die sich allmählich der Bedeutung ihrer Auslandsbürger schon aus sehr egoistischen Gründen bewußt wurden. Denn es ist kaum für einen Verein, und befinde er sich auch in einem wohlhabenden Land, aus eigener Kraft möglich, alle Härtefälle zu beseitigen.

Es war vor allem der Österreicher-Verein in Rom unter seinem unermüdlichen und unerschrockenen Präsidenten Karl Bambas, der immer wieder auf die Notlage besonders all der alten Österreicher in seinem Bereich hinwies, oft in sehr drastischer – und dadurch wirksamer Form, mit Feuer und unerbittlich. Ein wahrer Volkstribun war er, dieser Römer, und er scheute sich nicht, Szenen des Elends geradezu in Horrorbildern zu schildern, um sein Ziel zu erreichen: einen staatlichen Fonds zu schaffen, der sich dieser Menschen annahm, wie er sich der Bedürftigen im Inland anzunehmen hatte.
Die Etappen dieses Kreuzzugs sind seinem temperamentvollen Lokalbericht zu entnehmen, eine viele Seiten lange Denkschrift, die den Eindruck nicht verfehlte. Ja, er war ein wackerer Mitstreiter um die Bildung des

Fonds zur Unterstützung österreichischer Staatsbürger im Ausland

Der Jurist des Weltbundes, der ehemalige Präsident Dr. Karl Graf Demblin de Ville, bringt in Nummer 1/1982 der Zeitschrift ROT-WEISS-ROT eine Darstellung dieses Gesetzes, das für den Weltbund so unendlich wichtig ist.
Wir geben seine Ausführungen wieder. Daß sie gerade zu diesem Zeitpunkt erfolgten, hatte seinen guten Grund: War doch das Jahr 1982 ein Jubiläumsjahr für drei Auslandsösterreicher-Institutionen: Man feierte 30 Jahre Weltbund, 25 Jahre Auslandsösterreicherwerk und 15 Jahre Fonds.
Dieser Fonds wurde im November 1967 gegründet, beschlossen vom österreichischen Nationalrat. Seine Aufgaben waren,

1. österreichischen Staatsbürgern, die im Ausland ihren Wohnsitz haben, zur Überbrückung vorübergehender oder Linderung andauernder materieller Not
2. oder zur Verteidigung gegen völkerrechtswidrige Maßnahmen durch Gewährung einmaliger oder periodischer Zuwendungen Unterstützung zu bieten.

Bei der Gewährung von Zuwendungen sind die Grundgesetze des Fürsorgerechts des Bundeslandes Wien zu berücksichtigen. Ein Rechtsanspruch auf eine Zuwendung besteht nicht.

Dieses Gesetz hat eine lange Entstehungsgeschichte. Die Initiative wurde vom Weltbund der Österreicher im Ausland ergriffen, denn die den Weltbund bildenden Vereine haben es stets als eine ihrer wichtigsten Aufgaben angesehen, notleidende Mitglieder zu unterstützen. Der 1888 gegründete Österreicher – Verein in Hamburg nannte sich bis 1918 ausdrücklich »Hilfsverein« – dies nur ein Beispiel von vielen. Die den Vereinen zur Verfügung stehenden Mittel sind meistens sehr beschränkt; auch der Sozialfonds des Weltbunds verfügt nur über geringe Möglichkeiten. Deshalb verlangten die Vereine, besonders die italienischen, immer dringender, der österreichische Staat möge eingreifen. Seit 1963 stand dieses Verlangen an der Spitze des Forderungskatalogs des Weltbundes.
In der Hauptversammlung 1964 in Salzburg sagte der damalige Außenminister Dr. Kreisky seine volle Unterstützung für die Errichtung eines staatlichen Hilfsfonds zu und beauftragte den Gesandten Dr. Kirchschläger, die Rechtsgrundlage eines entsprechenden Bundesgesetzes zu prüfen und einen Entwurf auszuarbeiten.
Sozialleistungen fallen jedoch nach der Verfassung in die Kompetenz der Bundesländer – dies war das Hauptproblem. Die zweite Aufgabe des Fonds, »Verteidigung gegen völkerrechtlich rechtswidrige Maßnahmen«, machte erst den Weg frei für die Kompetenz des Bundes.
Bundeskanzler Dr. Klaus konnte von der Notwendigkeit des Fonds überzeugt werden; optimistisch meinte er, »dem Weltbund müßten mindestens 20 Millionen zur Verfügung stehen.« (HV Salzburg 1965) Vor allem mußten die im Nationalrat vertretenen Parteien gewonnen werden; da die Auslandsösterreicher kein Wahlrecht besaßen, war ihr Interesse mäßig. Vorstand und Generalsekretariat waren in den Jahren 1965–67

unermüdlich tätig, und schließlich gaben auch die Parteien nach.

Zunächst allerdings meldete der Verfassungsdienst Bedenken an. 1967 dann befaßte sich eine interministerielle Konferenz mit der Gesetzesvorlage.

Der damalige Außenminister Dr. Toncic-Sorinj nahm Verbindung mit den Landeshauptleuten auf, und es gelang ihm, die Zustimmung der Länder zu gewinnen: Sie würden entsprechend ihrer Einwohnerzahl die gleiche Summe zum Fonds beisteuern, die der Bund zur Verfügung gäbe. Der Gesetzesentwurf wurde im Sommer 1967 im Nationalrat eingebracht – und mit großer Mehrheit der ÖVP und der SPÖ am 26. November 1967 beschlossen.

Dem persönlichen Engagement und dem hervorragenden Sachwissen Dr. Kirchschlägers ist der Erfolg vor allem zu danken!

Die Mittel des Fonds wurden von Anfang an fast ausschließlich vom Bund und den Bundesländern getragen; recht bescheiden, für 1968 standen rund 800.000 Schilling zur Verfügung. Jedes Jahr mußte sich der Fonds um eine möglichst höhere Subvention bemühen, bis 1980 beteiligten sich die Bundesländer in gleicher Höhe.

Es betrugen 1980 die Subventionen von Bund und Ländern je 3,6 Millionen, ab 1981 lauten die Zahlen 4,2 zu 3,6 – und für 1982 4,9 zu 3,6 Millionen Schilling. Man kann nur hoffen, daß die Länder mit dem Bund wieder gleichziehen werden.

Wie weit entfernt von 20 Millionen!

Anfang 1965 hat das Außenamt über die Vertretungsbehörden ermittelt, daß von den damals rund 227.000 Auslandsbürgern etwa 2200 meist dauernde Unterstützungen erhielten.

Antragsformulare auf Anerkennung ihrer Zuwendungen können seit Bestehen des Fonds Hilfsbedürftige bei ihren österreichischen Vertretungsbehörden einreichen, diese bestätigen die Glaubwürdigkeit. Die verfügbaren Mittel werden als ein- oder mehrmalige Zuwendungen unter Beachtung der besonderen Lebensbedingungen und den Währungsverhältnissen im Aufenthaltsstaat gewährt.

Die Zuwendungsfälle stiegen von 757 im Jahr 1968 auf 1067 in 1981. Interessant die regionale Aufteilung: 1981 wurden in Westeuropa 337, in Osteuropa 225, in Afrika 4, in Asien 27, in Nordamerika 30, in Südamerika 441, in Australien 3 Personen im Durchschnitt mit S 8.000 bedacht.

Organe des Fonds

Organe des Fonds sind das Kuratorium und der Geschäftsführer. Das Kuratorium besteht aus dem Vorsitzenden und sechs weiteren Mitgliedern. Für jedes Mitglied ist ein Ersatz zu bestimmen. Sie alle werden für 5 Jahre von der Bundesregierung bestellt.
Vorsitzende des Kuratoriums waren Bundesminister Hurdes (1968–73), Minister Proksch (1973–1975), Dipl.-Ing. Waldbrunner (1975–80), Stadtrat Dr. Stacher (als stellvertretender Vorsitzender 1980–81), seit 1981 ist Botschafter Dr. Reitbauer Vorsitzender.
Im Kuratorium fungieren u.a. Landeshauptleute und Abgeordnete zum Nationalrat. Da das Fondsgesetz bestimmt, daß der Vorsitzende und drei Mitglieder, ebenso deren Stellvertreter in Österreich wohnhaft sein müssen, sind seit Gründung des Fonds zwei Auslandsösterreicher Mitglieder des Kuratoriums.
Die Geschäftsführer des Fonds: Hofrat Balkany (bis 1972), dann ehrenamtlich Konsulent Roth, seit Mai 1981 Hofrat Blazey und nach dessen Tod 1990 Herr Mehrwald. Der Geschäftsführer arbeitet nach den Richtlinien für die »Zuwendungen« und nach einer »Geschäftsordnung«, die vom Kuratorium festgelegt wird.
Fondsaufsichtsbehörde ist das Außenministerium, dem der Geschäftsbericht und der Finanzplan vorzulegen ist. Der Rechnungshof prüft die Gebarung.

Wir haben diese Ausführungen Dr. Karl Demblins de Ville mit ganz geringfügigen Einschränkungen gebracht, trotzdem ist es ein ausführlicher Bericht geworden. Und das mit Recht. Denn er stellt nicht nur das Gesetz in extenso vor, er gibt auch Einblick in eine Kampfperiode, die glücklich abgeschlossen werden konnte. Die Schaffung des Fonds bedeutet einen der größten Erfolge in der Geschichte des Weltbundes.

Das Altersheim
Am ärmsten aber sind die einsamen Alten...

Sie sind diejenigen, die jede Notzeit am härtesten spüren. Wer belastet sich schon mit »nutzlosen«, oft schwierigen Menschen, von denen nichts mehr zu erwarten ist? Von denen man zumindest glaubt, daß sie zu nichts mehr zu »gebrauchen« sind? Die Altenbetreuung ist in allen Kulturstaaten zu einem ganz großen Problem geworden.
Vor Jahren schon erhob der immer wieder genannte Rufer in der Wüste, Karl Bambas in Rom, die Stimme, um diesen Unglücklichen, die niemand mehr wollte, zu helfen. Besonders, wenn sie überdies Fremdkörper in dem Land waren, und hätten sie auch noch so lange dort gelebt.
Das Bestreben, einen staatlichen Hilfsfonds zu schaffen, um dieser Gruppe echte Hilfe zu gewähren, um sie nicht zu Bettlern zu stempeln, war von Anbeginn besonders im Hinblick auf diese alten Menschen gedacht. Im Kapitel über diese segensreiche Einrichtung wurde ausführlich darüber gesprochen. Einen weiteren Versuch stellt die Bemühung um Altersheime für Auslandsösterreicher dar, ein sozialer Dienst, der vielmals angeregt wurde und schließlich konkrete Formen annahm.
Im November 1954 bereits erklärte Botschafter Dr.-Breycha-Vauthier, Vorstandsmitglied und Leiter des Hilfsfonds, in einem Aufruf, daß er »diesmal mit den dem Hilfsfonds zukommenden Spenden nicht nur den Fonds neu auffüllen werde, um eine Unterbrechung der Hilfstätigkeit zu vermeiden, sondern um vor allem den alten Österreichern, die in der Schweiz leben und die weder der Wohltaten der AHV-Versicherung teilhaftig

sind noch eine Rente beziehen, ein Weihnachtsgeschenk geben zu können...« Ja, so bescheiden begann es.
1962 aber bereits gab der Weltbund ein Rundschreiben heraus, das zur Beteiligung an der Aktion »Altersstiftung« aufrief. Und das ganz konkret: Eine Bausteinaktion wurde eingeleitet, 100 Schilling kostete ein Baustein. Dieses Rundschreiben wurde an die Vereine mit einer Anzahl Bausteinformularen – je nach Größe des Vereins – versandt.
Der Erfolg war erfreulich. Fast alle Vereine beteiligten sich, weitere Bausteine wurden bestellt; den Anfang hatte der große Österreicher-Verein in Frankfurt unter seinem Präsidenten Tischler gemacht: Er spendete 10.000 Schilling für den guten Zweck.
Und dann, 1969, war es so weit: Im Protokoll der Hauptversammlung lesen wir unter dem Punkt »Beschlüsse« über den Erfolg der Aktion: Über 100.000 Schilling waren eingegangen, später waren es 140.000. Damals schon zeigte sich, wenn auch etwas bitter bemerkt, daß im allgemeinen nicht die »reichsten« Vereine die spendenfreudigsten gewesen waren; ein Großteil der stattlichen Summe rührt von Einzeleinzahlungen oder mitgliederschwachen Vereinen her. Ob aber so oder so: Der Weltbund konnte bereits auf zwei Heime hinweisen, die man nach gründlichem Suchen für günstig hielt:

> das Heim in Weidling bei Wien, verschämt »Wohnheim« genannt, und das »Österreichische Sozialwerk Providentia«, ein ehemaliges Kloster in St. Andrä im Lavanttal, Kärnten.

Man entschied sich für das »Providentia«, zwar weniger aufwendig als Weidling, aber billiger, in schöner Landschaft mit mildem Klima, an der Straße Klagenfurt-Graz gelegen. Renoviert und auf modernen Stand gebracht, bot dieses liebevoll geführte Haus neben der Verpflegung auch Betreuung in Pflegefällen; es sollte wohl im Einzelfall bestimmt werden, wie weit der Weltbund und seine Stiftung für die Gesamtkosten aufkom-

men würden. Vorderhand wurden zwei Wohneinheiten (1 Doppel- und 1 Einzelbettzimmer, später zwei) gebucht.
Das Kuratorium, das die Verwaltung übernahm, stand damals unter Bundeskanzler a. D. Dr. Klaus; Kuratoriumsmitglieder waren Professor Holzmeister und Generalsekretär Balkany. Die eingelaufenen Gelder wurden zinsbringend angelegt.
Eine alte Forderung des Weltbundes war somit erfüllt: Weltbundmitglieder könnten ihren Lebensabend in der alten Heimat verbringen. Aber vielleicht war dieses Leben schon allzuweit vorgeschritten. Alte Menschen sind schwer beweglich, und mancher hungert lieber in der altgewohnten Umgebung, als sich auf die weite – letzte! – Reise in ein völlig neues, wenn auch bequemeres Daheim zu begeben. Tatsache ist, daß sich bis heute kein Auslandsösterreicher gemeldet hat, der die ernste Absicht hatte, ins »Providentia« zu ziehen. Es wurden daher die Wohneinheiten auch nicht vermehrt – man wartet eben ab.

Die Burgenländische Gemeinschaft

Wir feiern heuer das vierzigjährige Bestehen des Weltbundes – aber wir haben noch einen andern Grund zu feiern, einen Grund, der uns stolz und glücklich macht: Seit siebzig Jahren ist das Burgenland der Republik Österreich angeschlossen.
Dieser schmale, schöne östliche Streifen Österreichs gehörte bis zum Jahr 1921 zum Königreich Ungarn, oder vielmehr bis zum Ende des Königreichs Ungarn, wo es Deutsch-Westungarn hieß, im Friedensvertrag 1919 Österreich zugesprochen. Aus verschiedenen Gründen wurde für die Hauptstadt Ödenburg eine Volksabstimmung gefordert, die man erst 1921 durchführte und bei der es anscheinend nicht ganz korrekt zuging. Immerhin: Das Land, das man mit Recht so oft mit dem Prädikat »reizvoll« bezeichnet, wurde ein Teil Österreichs – und jetzt, da der Eiserne Vorhang beseitigt ist, brauchen die Ödenburger auch die Eskapaden, die sie sich damals leisteten, nicht mehr so zu bereuen. Eine kleine Ironie des Schicksals

jedoch: Die vier großen Orte, nach denen das Burgenland benannt ist – Preßburg, Ödenburg, Eisenburg, Wieselburg – befinden sich nicht auf österreichischem Boden. Wer das Land aber kennt, weiß, daß es noch eine ganze Anzahl solcher herrlicher Bauten bietet.

Eines aber ist unbestritten: Das Burgenland war arm, unvorstellbar ärmer in einem Kreis anderer armer Länder, als es zu uns kam. Verkehrsmäßig kaum erschlossen, praktisch ohne konkurrenzfähige Industrie, aber mit einer Bevölkerung, die eisern entschlossen war, diese Schwierigkeiten zu überwinden, was zunächst nur durch die Auswanderung möglich schien. Und so wurde das Burgenland zum klassischen Auswandererland. »Wir konnten nichts mitnehmen als einen starken Glauben und zwei fleißige Hände«, sagte ein alter Amerikawanderer, und dieser Glaube und diese Hände, die haben es geschafft…

Professor Dr. Walter Dujmovits, der Präsident der Burgenländischen Gemeinschaft, spricht von einer Amerikawanderung im großen Stil, denn Amerika war das Gelobte Land, das vor allem angepeilt wurde. 12.029 Auswanderer wurden in den beiden Jahren 1922 und 1923 festgestellt, und wenn man bedenkt, daß Eisenstadt, die Hauptstadt des Landes, heute noch nur 10.000 Einwohner zählt, dann muß diese Auswandererzahl schon zu denken geben. Praktisch wurde jenseits des Ozeans ein »anderes Burgenland« gegründet; in Chicago leben mehr Burgenländer als in Eisenstadt, aber, was so bemerkenswert und erfreulich ist: Diese Menschen schlossen sich förmlich zu Kolonien zusammen, behielten im wesentlichen Sprache und Brauchtum bei, und vor allem: Sie vergaßen die Heimat nicht.

Professor Dr. Dujmovits deutet die Gründe für diese erstaunliche Auswandererbewegung in seinen grundlegenden Schriften über Burgenlandprobleme aus der ungünstigen Agrarstruktur: Wenigen Großgrundbesitzern – eine Erbschaft der Magnatenherrschaft – stand eine gewaltige Anzahl von landwirtschaftlich kleinen und Zwergbetrieben gegenüber, was sich durch die Gewohnheit der Erbteilungen noch schlimmer auswirkte. Sie führten zur Aufsplitterung und völligen Unwirt-

schaftlichkeit der Betriebe. Was blieb übrig, als sein Glück irgendwo draußen zu suchen, und da schon im vorigen Jahrhundert immer wieder Wunderdinge vom Goldenen Westen erzählt wurden, so entschloß man sich eben – schweren Herzens –, auch dorthin zu ziehen. Dort würde man vielleicht schon binnen weniger Jahre soviel verdienen, daß man die Geschwister auszahlen und heimkehren könnte. Vielleicht.
Einen weiteren Grund der Verarmung sieht Professor Dr. Dujmovits im Rückgang des Weinbaus als Folge der Reblauskatastrophe. Der Weinbau war zwar, flächenmäßig im Vergleich zum Acker- und Weideland, gar nicht so besonders bedeutend, seine Sorten aber gehörten seit jeher zu den Spitzenprodukten in Österreich.
Aber noch aus einem andern, interessanten Blickwinkel erkennt Professor Dujmovits das Problem: Er spricht von der »Mobilität der Burgenländer«. Und das hat viel für sich. Der Burgenländer lebt in der Ebene, die Weite ist ihm vertraut, er ist nicht in dem Maß an Erbhof und uraltem Familienbesitz gebunden, wie es in den Alpenländern der Fall ist. Dies erklärt die Massenauswanderung, während man in den Tiroler Auslandssiedlungen wie z. B. Pozuzo, von dem wir noch sprechen werden, nur kleine Dorfgemeinschaften oder Einzelgehöfte findet. Die Burgenländer jedoch haben auch in ihren großen Gemeinschaften, über Städte und Steppen hinweg, ihre Heimat nicht vergessen. Und vor allem: Seit jeher bestand ein Zusammengehörigkeitsgefühl im pannonischen Raum mit den Donauschwaben, den Zipsern, den Bayern und anderen. So ergab es sich zwangsläufig, daß sie sich auch in der Fremde zu vereinigen suchten. Ballungszentren ergaben sich im Gürtel deutscher Besiedlung über Pennsylvanien, Detroit und Chicago. Daß die 30.000 Burgenländer und ihre Nachkommen aber bis vor kurzem noch dort als eine eigene ethnische Gruppe ausgewiesen waren, beweist u. a. der Titel der deutschsprachigen Zeitschrift »Eintracht«, die sich damals »Unabhängiges Organ der Österreicher, Burgenländer und Deutschungarn in Nordamerika« nannte. Man kann also, wie der Präsident der Burgenländischen

*Generalkonsul
Dr. Carl Werner WB-Präsident
1957–1963 und 1975–1977*

*Dr. Karl Graf Demblin de Ville-Canon
WB-Präsident 1963–1967
und 1977–1979*

*Wilhelm Rybin
WB-Präsident 1967–1973*

*Prof. Arch. Franz Heinrich Sobotka
WB-Präsident 1973–1975*

Dante Bernardin
WB-Präsident seit 1979

Prof. Walter Dujmovits
BG-Präsident

Otto Max Vancsa
WB-Generalsekretär 1957–1967

Paul Balkany
WB-Generalsekretär 1976–1982

Ges. Dr. Dkfm. Harald Klein
WB-Generalsekretär 1976–1982

Hofrat Alexander Auer
WB-Generalsekretär 1982–1985

Dipl. Ing. Wolfgang Reiler
WB-Generalsekretär seit 1985

Außenminister Dr. Kirchschläger
mit Balkany, Graz 1959

Prof. Clemens Holzmeister
AÖW-Präsident 1957–1976

Fritz Molden
AÖW-Präsident seit 1976

Vorstand mit Außenminister Dr. Waldheim
Wien 1957

Generalversammlung in Dornbirn 1962

Empfang beim Bundespräsidenten Dr. Schärf
Wien 1963

LH. Wallnöfer
Außenminister Kreisky
Innsbruck 1965

Festakt Eisenstadt 1966

LH. Gleissner, Vancsa, Holzmeister Festessen
Linz 1967

Weltbundtagung, Buffet, Krems 1972

Bundespräsident Dr. Kirchschläger, Sobotka, Werner Salzburg 1974

Rybin jun., Eisenstadt 1975

*Empfang beim Bundespräsidenten Dr. Kirchschläger
Wien 1976*

Demblin, Ergens, Molden, Bernardin
Feldkirch 1977

Festakt in Linz 1979

Donaufahrt, Linz 1979

LH. Wagner, Außenminister Dr. Pahr
Klagenfurt 1980

Festakt, Linz 1981

Bundespräsident Dr. Kirchschläger am Weg zum Festakt Salzburg 1982

Präsident Bernardin mit Gattin in froher Runde
Salzburg 1982

Präsident Bernardin
Baden 1983

BG und WB unterzeichnen
die Eisenstädter Erklärung
Eisenstadt 1984

Die Präsidenten Molden und Bernardin erhalten Orden von LH Krainer
Graz 1985

Bundeskanzler Vranitzky, Präsident Bernardin
Wien 1986

Dr. Heiß bei der Pressekonferenz, Briefwahlrecht für Auslandsösterreicher Wien 1989

Auslandsösterreicher-Kinder aus aller Welt beim Bundespräsidenten Dr. Kirchschläger in Wien

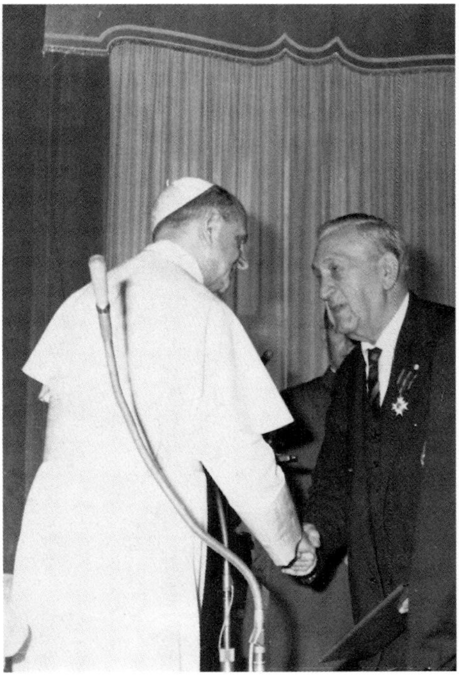

Audienz beim Heiligen Vater
Präsident Bambas

Bürgermeister Dr. Zilk, Wien
Präsident Dr. Em
OB Dr. Daniels mit Gattin

Ministerpräsident Franz Josef Strauß
Präsident Wieland

Ministerpräsident Dr. Max Streibl
Präsident Wieland

Präsident Purchala, Berlin sorgt immer für Stimmung

Winterspiele des Weltbundes in Bad-Gastein mit Gold-Rosi Feistauer

Glückliche Debütanten auf den beliebten Österreicher-Bällen in aller Welt

Gemeinschaft richtig bemerkt, die Amerikawanderung der Burgenländer weder als einen Teil der österreichischen noch als einen Teil der ungarischen Auswanderung ansehen. Und dies, obwohl die Auswanderungsquote im Verhältnis zur Bevölkerungszahl des Heimatlandes nirgends so groß war wie im Burgenland – im Jahr 1922 61 Prozent und im Jahr 1923 mehr als 70 Prozent der gesamtösterreichischen Auswanderung.

Die Burgenländische Gemeinschaft und der Weltbund der Österreicher im Ausland

Wie hätte sich der Weltbund, diese Organisation, die alle Landsleute im Ausland zusammenfassen will, nicht mit der Burgenländischen Gemeinschaft befassen sollen? Befassen mit dem Ziel einer Vereinigung?
Es war wieder vor allem der große Verdienst Professor Dujmovits', des unbestrittenen Kenners der Materie, des unermüdlichen Kämpfers für seine Landsleute, daß es zu der segensreichen Union kam.
Seit dem Jahr 1956 besteht die Burgenländische Gemeinschaft, ihr erster Präsident war Dr. Toni Lantos. Ihm folgte Oberamtsrat Julius Gmoser (1961–1985). 1971 begann eine besonders intensive Phase in den Beziehungen zwischen Heimat und Wahlheimat: Nachdem Professor Dujmovits mehrfach die Kolonien besucht hatte, machten sich nun Landeshauptmann Kéry und Diözesanbischof Dr. László auf die Reise. Ein Museum für Auslandsburgenländer entsteht in Güssing, und das Jahr 1975 wurde von der Burgenländischen Landesregierung offiziell zum »Jahr der Auslandsburgenländer« ernannt – zum Gedenken, daß genau hundert Jahre zuvor die Amerikawanderung begonnen hatte. Die Begriffe Burgenländische Gemeinschaft und Auslandsburgenländer sind eng verbunden, denn die Burgenländische Gemeinschaft war es, die mutig begann, die Landsleute im andern Erdteil aufzuspüren, sie zu besuchen und eine Brücke zur Heimat zu schlagen. Ihr Leitsatz »Für einander

Sorge tragen« ist kein klingender Titel, er drückt das echte Anliegen aus und hat sich seit Jahren bewährt.
Eine Zeitung, »Burgenländische Gemeinschaft – Organ des Vereines zur Pflege der Heimatverbundenheit der Burgenländer in aller Welt«, erscheint in Güssing, zweimonatlich, sie berichtet, Lokales vor allem, was die Landsleute interessiert, in gefälliger Aufmachung, sie enthält sogar englische und slowenische Meldungen – sie ist ein Blatt, das eine wertvolle Ergänzung zur Zeitschrift des Weltbundes darstellt. Charterflüge von und nach Amerika, Reisedienste in aller Welt und aller Art, Hilfe bei Rückwanderung, kulturelle Betreuung, Aufklärung über Ereignisse und Probleme in der Heimat, Hilfe bei Grundstückserwerb und vieles andere bis zur Gräberfürsorge, werden mit Hilfe der Burgenländischen Gemeinschaft vorgenommen.
Und viele Auslandsburgenländer haben Gelegenheit gehabt, längst verschollene Freunde aufzusuchen, mit ihnen in Verbindung zu treten – Tausende Burgenländer haben nach langer Trennung wieder heimgefunden. So kamen mehr als 600 Amerikaburgenländer aus den Vereinigten Staaten und Kanada zur Amerikawoche nach Stegersbach im südlichen Burgenland, einer Einladung der Burgenländischen Gemeinschaft folgend, und heuer, im »Amerika-Jahr«, da sich die ganze Welt erinnert, daß Columbus vor 500 Jahren den Fuß auf amerikanischen Boden gesetzt hat, regte die Burgenländische Gemeinschaft die Amerikaausstellung 1992 auf Burg Güssing an, an deren Planung sie wesentlich beteiligt ist und die wohl auch zahlreiche Landsleute von drüben herlocken wird.
»Daß soviele Burgenländer auswanderten, ist ein Gewinn für Amerika, aber kein Verlust für Österreich, denn sie vergessen die Heimat nicht, sie werben für sie durch ihre Tüchtigkeit und ihren Fleiß, und… sie kehren zurück!« Dieses Wort aus der Begrüßungsansprache des Vertreters der Amerikanischen Botschaft anläßlich der feierlichen Eröffnung der Amerikawoche 1973 war wohl allen Teilnehmern an dieser eindrucksvollen Veranstaltung aus dem Herzen gesprochen. Ein festlicher Rahmen, Haydn-Musik, prominente Gäste – und alles wirkte

zusammen, um den von weither Gereisten nicht nur zu zeigen, wie schön ihre alte Heimat, sondern vor allem, wie glücklich man über ihr Kommen war. Im September 1992 setzt die Tatsache, daß der Weltbund der Österreicher im Ausland seine Hauptversammlung und seine Tagung in Güssing abhält, besondere Akzente – ist es doch das erste Mal, daß ein solcher Kongreß in einer kleinen, aber ehrgeizigen und aufstrebenden Stadt eines Bundeslandes stattfindet.
Aber wenn auch hohe Prominenz und Landsleute aus aller Welt zu dieser Tagung erscheinen, so bildet doch der Kreis der angereisten Altburgenländer bei allen Veranstaltungen den Kern der Feiern. Wie einst – da kamen alte Leute in ihren früheren Trachten, die ein etwas seltsames, aber doch verständliches Deutsch sprachen; nie werde ich ein altes Mutterl vergessen, das zum erstenmal heimatlichen Boden betrat und auf meine Frage, ob sie sich nicht im Flugzeug gefürchtet hätte – sie war noch niemals zuvor geflogen – ganz erstaunt antwortete:
»Ja, warum denn? Auf dem Hinflug hätt's mir schon was gemacht, aber jetzt, wo ich da gewesen bin? Und wenn ich schon abstürze, dann flieg' ich halt nicht hinunter, sondern direkt in den Himmel hinauf...«

Viele Auslandsburgenländer-Vereine gibt es im andern Erdteil, 46 hat Professor Dujmovits bei einer seiner letzten Reise gezählt, und die meisten sind dank der Burgenländischen Gemeinschaft hinzugekommen, immer werden sie von Professor Dujmovits besucht, um sie drüben untereinander bekannt zu machen, sie zu verbinden und vor allem, um das Band zur Heimat zu knüpfen und zu festigen. Er hält Referate, er schreibt Bücher – er ist im wahrsten Sinn der unermüdliche Trommler seiner großen Sache.
Und so ergab es sich von selbst, daß sich die drei Präsidenten der Auslandsösterreicher, des Weltbundes, des Auslandsösterreicherwerks und der Burgenländischen Gemeinschaft im Interesse ihrer Anliegen, ihrer Aufgaben, eines Tages in Eisenstadt

ERKLÄRUNG

WIR,
der Präsident des Weltbundes der Österreicher im Ausland,
der Präsident des Auslandsösterreicherwerkes,
der Präsident der Burgenländischen Gemeinschaft
sind am heutigen Tag übereingekommen, unsere Ziele gemeinsam anzustreben.

WIR WOLLEN
zusammenarbeiten und *gemeinsam* Wege beschreiten, um alle Österreicher im Ausland zu erreichen, sie zu erfassen und sie weitgehend zu vertreten.

WIR WERDEN
daher, jeder Präsident (oder sein Vertreter) im jeweiligen Vorstand der anderen beiden Organisationen mit Sitz und Stimme vertreten sein.

WIR HABEN
damit eine *gemeinsame* Plattform gefunden, um alle österreichischen Landsleute im Ausland vertreten zu können.

DAHER
werden wir in allen bedeutenden Fragen *gemeinsam* vorgehen.

EISENSTADT, am 15. September 1984

Dante J. Bernardin
Weltbund der Österreicher im Ausland

Fritz Molden
Auslandsösterreicherwerk

Julius Gmoser
Burgenländische Gemeinschaft

zusammenschlossen – es war der 15. September 1984, zu einer Art Rütlischwur, zur »Eisenstädter Erklärung«.
Das Dokument, das diese Gemeinschaft besiegelt, drückt eines der bedeutendsten Geschehnisse und einen der schönsten Erfolge in der Geschichte des Weltbundes aus.
Das Faksimile der Titelseite der Zeitschrift: »Burgenländische Gemeinschaft« fügen wir den Abbildungen der Auslandsösterreicher-Zeitschriften an (Seite 82)

Austria externa –
Sie trugen Österreich hinaus in die Welt

Der namhafte Geograph Univ. Prof. Dr. Georg Stratil-Sauer, der dank seiner Forschungsreisen so manchen weißen Fleck auf den Landkarten exotischer Länder löschen konnte, schlug auf der Hauptversammlung des Weltbundes im Jahr 1965 vor, einen Band seiner Notring-Jahrbücher dem Auslandsösterreichertum zu widmen, eine Idee, die dankbar und begeistert angenommen wurde. Im Jahr 1968 erschien dieses Buch unter dem Titel: »Austria externa – Unser zehntes Bundesland«.
Es war eine Schatztruhe von geradezu überwältigender Fülle, die sich dem Leser erschloß. Wir glauben es den genialen Persönlichkeiten schuldig zu sein, zumindest einige von ihnen in dieser Schrift anzuführen, wenn wir dadurch auch zwei Grundsätzen untreu werden: dem der »letzten vierzig Jahre« und dem der »vorübergehenden Gastprofessuren«. Fast alle diese im Buch vorgestellten Gelehrten haben ja nicht nur für ihre aktuelle Lehrzeit, sondern für die Zukunft gearbeitet und oft die Vorbedingungen für spätere Erkenntnisse geschaffen – für Arbeiten unserer Zeitgenossen.
Auch dies ist ein Grund, daß wir tiefer in die Vergangenheit greifen, als es grundsätzlich geplant war. Wir bitten, es zu entschuldigen.

Keine Wissenschaft verrät soviel von der Vorzeit wie die

Archäologie, und so soll zuerst auf die Arbeiten österreichischer Archäologen hingewiesen werden, wo Österreicher Bahnbrechendes geleistet haben und es heute noch leisten. Es ist vor allem Ephesos, die Stadt in Kleinasien, wo seit Bestehen des Österreichisch-Archäologischen Instituts (1898) mit kurzen Unterbrechungen gegraben wird, einer Stadt, die bis in die Byzantinische Zeit von hoher Bedeutung war. Seit 1954 wurde ein großes Areal der hellenistisch-römischen Zeit freigelegt, Hochhäuser bis zu sechs Stockwerken fallen auf. Daß für diese Anlagen in acht Meter Tiefe unter dem Staatsmarkt ein archaisches Gräberfeld liegt, das zum ersten Mal Einblick in die Ära des 7. und 6. Jahrhunderts vor Christus bietet, erregte weltweit Aufsehen und rief die Archäologen aller Länder auf den Plan. Den österreichischen Archäologen F. Miltner und F. Eichler war die Ausgrabung der Hauptstadt Kleinasiens gelungen.

Adam Wandruszka war der bekannteste *Neuzeithistoriker* in Deutschland, er wurde 1953 an die Universität von Köln berufen; und der Neuzeithistoriker der jüngeren Generation, Gerald Stourzh, ist seit 1964 an der Freien Universität in Berlin tätig.

Während sich auf dem Gebiet der *Kunstgeschichte* ganze Gruppen bildeten – vor allem im englisch-amerikanischen Raum –, die dem Gastland neue Wege wiesen – man konnte geradezu von einer österreichischen Schule sprechen –, darf man in der *Orientalistik* auf den Assyrologen und Semitologen Bruno Landsberger hinweisen, der 1965 zum 75. Geburtstag durch eine umfangreiche Festschrift geehrt wurde und als unumstrittener Kenner dieses schweren Fachs gilt: ist ihm doch die Entstehung eines Assyrischen Wörterbuchs zu danken, von dem bereits zehn Bände erschienen. Seine Mitarbeiter sind sämtlich Österreicher.

Auf die Wiener Bühnenkünstler, die im Ausland gewohnt haben oder noch wohnen, und hätten sie einen noch so großen Namen, soll hier nicht eingegangen werden. Es liegt in der Natur des Schauspielers, daß er Auslandsverpflichtungen hat, Gastspiele gibt oder sich sogar dauernd im Gastland niederläßt, deshalb wird er, der sich bei jedem Auftritt absolut auf sein – vielleicht fremdsprachiges – Publikum einstellen muß, sein Österreichmerkmal, sein Image, soweit ablegen, daß man ihn kaum mehr als Österreicher bezeichnen kann. Je besser der Schauspieler, desto vielfältiger sein »Gesicht«. Er ist also genaugenommen übernational, wenn er auch in Österreich aufgewachsen, ausgebildet wurde. Und das gilt natürlich noch in weit prägenderem Maß für den Filmkünstler, wenn wir auch mit Namen wie Sternberg, Fritz Lang, Otto Preminger, ja Fred Astaire kommen können, die Lorbeeren im Ausland ernteten – Film aber ist international.

Und noch mehr ist es die *Musik*, die keiner Sprache bedarf. Aber es soll doch erwähnt werden, daß namhafte Musikprofessoren wie Bruno Seidlhofer, Grete Hinterhofer, Robert Schollum als Gastlehrer in aller Welt gefragt waren – wenn der ehemalige Präsident des Österreicher-Vereins in Genf, Professor Liebstöckl, Sohn des legendären »Wiener-Journal«-Redakteurs und Gatte der Liedersängerin Rosemarie Jung, voll Stolz aufzählt, wieviele Kandidaten bei seinem Genfer Musikwettbewerb aus Österreich stammen und von Genf aus ihre Laufbahn im Ausland antraten, dann kann man nur staunen: Der kürzlich verstorbene Komponist Ernst Krenek, der Pianist Hans Kann, Egon Wellesz sind Auslandsösterreicher. Und wir wollen nicht Herbert von Karajan nennen, denn diesen Zauberer mit dem Taktstock beanspruchen wir ganz allein als Inlandsösterreicher, und mag er auch noch soviel im Ausland konzertiert haben... In Freiburg/Breisgau gibt es ein Volksliederarchiv, der Leiter Wolfgang Suppan ist Österreicher. Und auch der weltbekannte, neunzigjährige Rudolf Bing, der Leiter der MET, großartiger Intendant und Manager in einem, stammt aus Österreich, wenn er sich auch strikt geweigert hat, noch einmal hier aufzutreten – schade! Die Trapp-Familie will ich nicht vergessen, die durch den Film »Sound of Music« in Amerika solche Propaganda für Österreich ausübt... Musik und Österreich – man könnte es uferlos fortsetzen.

Weg von der Kunst, hin zu der »Vorschule«, wenn man so sagen darf, für eine große andere Reihe erkenntnisbildender Wissenschaften der *Geographie*. Daß das von Julius Payer und Karl von Weyprecht erstmals betretene Land im ewigen Eis nach Kaiser Franz Joseph genannt ist, weiß man wohl; vielleicht auch, daß die beiden im Grenzgebiet von Äthiopien von Franz Höhnel entdeckten Seen ihren Namen dem Kronprinzenpaar Rudolf und Stefanie verdanken; daß aber auch der Name der Südsee-Insel Teresa in den Nikobaren auf die Kaiserin Maria Theresia zurückgeht, das ist wohl längst vergessen. Es war der letzte Versuch Österreichs, im Indischen Ozean eine Handelsgesellschaft zu gründen. Es würde zu weit führen, die Geographen aufzuzählen, die im Ausland verblieben, von Deutschland bis China – zu weit gespannt ist der Bogen. Nur um den Herausgeber des Buches, Prof. Stratil Sauer, zu ehren, der zwar niemals Auslandsösterreicher war, aber die Welt bereist hat: Im unwegsamsten Gebiet des Kurdischen Gebirges gibt es zwei Gipfel, die er als erster gesehen, als erster beschrieben und benannt hat – allerdings nicht mit seinem Namen, sondern mit dem eines damals hochbekannten Politikers und Mäzens, der sich dafür mit einer schönen Subvention für die Geographische Gesellschaft erkenntlich zeigte – man muß auch als Gelehrter clever sein, noch dazu im Dienst der guten Sache!

Österreichische *Geologen* wurden nach dem Krieg im Nahen Osten, im Südosten Europas, in Griechenland, ja im Himalaja und Japan eingesetzt; daß die österreichischen Bergingenieure einen guten Ruf haben, beweist, daß etwa die Hälfte von ihnen in Deutschland tätig ist; eine kleinere Zahl arbeitet in fünf asiatischen und neun amerikanischen Ländern; sie sind erfolgreich ebenso in der Aufsuchung wie in der Erschließung von Lagerstätten tätig. Die Montanistische Hochschule in Leoben ist weltbekannt, ihre Absolventen sind gesucht. Tatsächlich gibt es in kaum einer anderen Forschungstätigkeit, in keiner anderen Produktion so viele Auslandsösterreicher in der Welt verstreut wie im Geologischen und im Berg- und Minenbau.

Aber auch *Zoologen, Botaniker, Biologen, Veterinärmediziner* wurden in Österreich ausgebildet und begaben sich in die weite Welt, wobei der Tierarzt kaum Hunde und Katzen, sondern eher Nutztiere behandelte. Ein Kuriosum darf allerdings nicht unerwähnt bleiben: Da brachte ein Zoologe namens Haanke von seinen Flußfahrten in Peru und Bolivien Bilder und Skizzen von in Europa unbekannten Tieren mit; was aber wohl als einzigartiges Dokument gelten kann: seine Aufzeichnung von Vogelstimmen in Notenschrift...

Was die *Medizin* betrifft: Allein in die Vereinigten Staaten sind in den Jahren 1949 bis 1964 nicht weniger als 85.000 Europäer, hochqualifizierte, intellektuelle Fachleute, eingewandert, darunter viele Ärzte. Jungärzte verpflichteten sich in den Entwicklungsländern und verwerteten ihre Erkenntnise in den heimischen Staaten; und als die finanzielle Not in Österreich nach dem Krieg besonders fühlbar war – fehlende Laboratorien, zerbombte Krankenhäuser, veraltete medizinische Einrichtungen –, da wurden junge Ärzte in die skandinavischen Länder geholt, wo sie arbeiten konnten.

Österreichische Wissenschaftler auf dem Gebiet der *Physik* und *Radiologie* haben Weltruf erlangt: Professor Erwin Schrödinger, der Nachfolger von Max Planck an der Universität Berlin wurde und den Nobelpreis erhielt für die »Entdeckung fruchtbarer Prinzipien zur Entwicklung der Atomenergie«... Sie können diesen großen Gelehrten, der dann in die Schweiz ging, auf unsern 1000-Schilling-Noten betrachten... Und wer kennt nicht die Namen Wolfgang Pauli und Lise Meitner, die seit 1947 als Professoren an der TH in Stockholm arbeiteten.

Das sind so die herausragendsten Persönlichkeiten. Es ist vielleicht ganz gut, wenn man die Liste nicht weiterführt, es schmerzt den Inlandsösterreicher doch etwas zu sehen, welche Fülle an Wissen und Kenntnis auf höchster Ebene unsere Heimat verlassen hat. Wir trösten uns eben damit, daß sie den Ruf Österreichs in alle Länder tragen und beweisen, daß es nicht die Kunst allein ist, die unser Bild im Ausland prägt. Aber so vorteilhaft diese Entwicklung für Österreich ist, so gibt es doch zu einiger Besorgnis Anlaß, wenn hochqualifizierte Techniker, Physiker und vor allem Chemiker, mit hohen Kosten im Inland ausgebildet, ins Ausland gehen und nicht mehr wiederkommen... Da lobt man sich die jungen Gelehrten, die trotz der unverhältnismäßig günstigeren Arbeitsbedingungen an eine kleine österreichische Universität zurückkehren wie das junge Ehepaar Dr. Rieger, das in Innsbruck seine *Meeresbiologie* lehrt, obwohl es über zehn Jahre in Amerika arbeitete und alle Möglichkeiten hatte... In der *Weltraumwissenschaft* – auch da steuert Österreich wertvolle Kräfte bei. So wurde ein in der ehemaligen Monarchie, in Hermannstadt, geborener Techniker, Professor Dr. Hermann Oberth, sogar als »Vater der Raumfahrt« gefeiert. Daß sich die jungen Forscher zwangsläufig, ob sie nun wollen oder nicht, von der Heimat trennen müssen, wenn sie sich dieser zukunftsträchtigen Wissenschaft widmen, ist klar. Sie arbeiten bei Raketenprojekten und befassen sich mit konstruktiven Details zur praktischen Verwirklichung von Raumstationen – und obwohl wir wieder einmal dem Grundsatz der »letzten vierzig Jahre« untreu werden, wollen wir doch ein schönes Wort zitieren, das man einem Vorkämpfer der Weltraumforschung namens Hermann Potočnik sagte, der im Alter von 37 Jahren starb und den Triumph seiner genialen Ideen nicht mehr erlebte: »Hermann Potočnik lebte und starb lange vor seiner Zeit...« Daß die interkontinentalen Fernsehübertragungen unserer Tage möglich sind, ist auch diesem großen Österreicher zu verdanken...

Ein Kranz erlauchter Namen, gewiß – und doch ist es nur eine mehr oder weniger wahllos herausgegriffene »Blütenlese«. Die großen Nobelpreisträger haben wir nicht aufgezählt, immer bestrebt, den Auslandsösterreicher »wie du und ich« darzustellen, der uns am wesentlichsten den Landsmann, oder sollen wir sagen, den Bruder verkörpert. Trotzdem sollen zum Ausklang dieses Kapitels noch sechs Männer zu Wort kommen, jeder in einem anderen Gebiet wirkend; daß sie daneben eine besondere Beziehung zum Weltbund von heute haben, ist ein weiterer Grund, daß wir sie vorstellen. Es sind:

ein Geisteswissenschaftler,
ein Künstler,
ein Architekt,
ein Chemiker und
zwei ungleiche Brüder: Archäologe und Eiskunstläufer.

Herbert Penzl ist Germanist an der Universität in Berkeley, USA. Aber ein Germanist spezieller Kategorie: Er hat sich der Linguistik verschrieben, er gehört zu den ganz wenigen internationalen Fachleuten auf der ganzen Welt, die zu allen Germanistikkongressen geladen werden, wo Grammatikprobleme zu besprechen sind. Und nicht nur deutsche Grammatik hat dieser Wiener, der in Wien und in den Vereinigten Staaten studiert hat, minutiös in zahllosen Vorlesungen, Abhandlungen und Fachzeitschriften behandelt; so hat ihn ein Lehrauftrag auch nach Afghanistan, nach Kabul, geführt, wo er ein Jahr lang Vorlesungen hielt und, so nebenbei, ein Grammatik-Lehrbuch der dortigen Sprache, des »Paschtu«, verfaßte, das es bis dato nicht gab. Ob zur Freude der Schüler – immerhin sprechen rund 14 Millionen diese Sprache –, ist ungewiß; jedenfalls aber zur Freude der gelehrten Welt, die denn auch mit Ehrungen für den Wissenschafter nicht geizte. Wie richtig das Wort Riccaut de la Marlinières aus der »Minna von Barnhelm« ist: »Deutsche Sprak – schwere Sprak«, das wird einem beim Studium der Schriften Herbert Penzls klar.
Kapellmeister Wolfdieter Maurer ist ebenfalls Wiener und von Kindheit an schon durch seine musische Mutter mit der Musik vertraut. Was gar nicht so selbstverständlich ist, denn der Vater war aktiver General, der begreiflicherweise den Ambitionen des talentierten Sohnes etwas mißtrauisch gegenüberstand. Wolfdieter hat sich – nach Matura, Wehrdienst, Akademie wohlverstanden – durchgesetzt. Seine Laufbahn begann er mit den Sängerknaben, er brillierte als Pianist und er dirigierte in Österreich, in den USA, in England, Südafrika und Deutschland; bis vor kurzem arbeitete er in Würzburg als jüngster Generalmusikdirektor Deutschlands. Vor wenigen Monaten folgte er einer

Berufung nach Tokio, mit einem mehrjährigen Vertrag in der Tasche. So sehr ihn diese Erfolge aber befriedigen, so strebt er trotzdem zurück nach Europa. Wie soll es einen so überzeugten österreichischen Musiker nicht nach Europa ziehen? Vielleicht gelingt es ihm doch, einmal in seiner Heimat zu dirigieren? Den Österreichern würden wir es wünschen!

Otto Vogl. Als der 1992 verstorbene Nobelpreisträger Professor Dr. Mark, ein gebürtiger Österreicher, der »Vater der Polymere«, seinen 90. Geburtstag in New York feierte, da stieg schon ein neuer Stern auf, der sein Nachfolger werden sollte, der Niederösterreicher Dr. Otto Vogl. Als blutjunger Doktor war er 1953 nach Amerika gegangen, hatte dort anfangs eine industriell-wissenschaftliche Karriere abgestattet, sich aber dann der reinen Wissenschaft, der Chemie, verschrieben. Nun hat er als weltweit anerkannter Gelehrter den Lehrstuhl, der den Namen Herman Marks trägt, inne; er ist Professor für »Polymere Science and Engineering« an der Universität von Massachusetts in Amherst. Darüber hinaus wurden ihm Gastprofessuren in Japan, Schweden, in andern amerikanischen Städten und Deutschland anvertraut.

Hubert Petschnigg, Dr. Dipl. Ing. Architekt, prägte im wahrsten Sinn das Gesicht so mancher deutschen Stadt. Mehr als 50 Hochhäuser in 20 Städten in Deutschland und Südafrika kennzeichnen das Lebenswerk des Kärntners, der nach dem Krieg nach Deutschland zog. Die Firma, die er in Düsseldorf gründete, hat alle Arten Wohnhäuser, Banken, Einkaufszentren errichtet. Auch in der Denkmalspflege erwarb sich Hubert Petschnigg große Verdienste, er restaurierte altes Kulturgut, so z. B. die Burg Pyrmont, verfaßte zahlreiche Lehrbücher, in denen er seine große Erfahrung der Jugend weitergab. Und in seinen Betrieben sind vor allem Österreicher beschäftigt...

Die Brüder Bietak. Sie stammen aus einer Gelehrtenfamilie und gehören völlig verschiedenen Berufen an; beide aber haben es zu Meisterleistungen gebracht. Und das ist bestimmt bei so divergenten Tätigkeiten nicht alltäglich. Wir stellen sie gemeinsam vor: Univ. Prof. Dr. *Manfred Bietak,* 1940 geboren,

ist Archäologe, leitet die österreichischen Ausgrabungen im ägyptischen Ostdelta und kann auf sensationelle Entdeckungen verweisen. Dank seiner Erfolge wurde er mit dem Aufbau einer Zweigstelle Kairo des Österreichischen Archäologischen Instituts betraut. Und der Bruder *Willi Bietak*, 1947 geboren, ist Eislaufkünstler geworden. Nach olympischen und andern Erfolgen im Paarlauf gründete er in Amerika eine eigene Eisrevue und bereist mit seiner Gattin Cathie als Choreographin und mit großem Gefolge die Welt, ständig auf Tournee. Österreich hat im Kunsteislauf beste Tradition – auch die Mutter Willi Bietaks war Eislaufmeisterin. Der jüngere Bietak-Sohn hat es in dieser bezaubernden Kunst zur vollendeten Meisterschaft gebracht.
Die Automobilindustrie ist eng verbunden mit den Familien Porsche und Piech. VW, Porsche und Audi sind weltberühmte Fahrzeuge geworden. Prof. Ernst Fiala hat viele Jahre die Forschung bei VW geleitet. Piech hat Audi wieder zu neuen Größen geführt und wie man weiß, wird er die Leitung von VW übernehmen.
Otto Voirsard war Vorstandsvorsitzender von MAN. Dr. Büchelhofer ist Verkaufschef von BMW und Mitglied des Vorstandes. Man darf einige weltberühmte Wissenschaftler, wie Friedrich August Hayek, Karl Popper, Prof. Dr. Ernest Dichter, der als Vater der Motivforschung in die Geschichte eingeht, die Psychologen Hacker und Hofstätter, Prof. Hans Kelsen, Schöpfer der Österreichischen Verfassung, Gernot Zippe, Erfinder der Gaszentrifuge, Konrad Lorenz und Irenäus Eibl-Eibesfeldt hier nicht unerwähnt lassen.
Aber auch Wirtschaftskapitäne wie Helmut Siehler, der das Steuer bei Henkel (Persil) in Händen hielt, Sandler bei Oetker, Thoma, Chef von RTL, Ron Sommer, jetzt Sony Vicepräsident in USA, geben Zeugnis von österreichischer Tüchtigkeit. Maier hat den Schiffbau durch die sogenannte Maierform revolutioniert.
Forscher wie Prof. Blümel, experimentelle Chirurgie, Prof. Kindermann, Politikwissenschaft, haben sich in ihrem Bereich großes Ansehen erworben.

Mit Stolz erfüllt uns auch, daß Eckart Witzigmann, Aubergine München, und Heinz Winkler, Tantris München, jetzt Residenz Aschau, als die ersten österreichischen 3-Sterne-Köche in der BRD Gourmetgeschichte machten.
Unser Alt-Bundespräsident Kurt Waldheim, auch er war Auslandsösterreicher als Generalsekretär der UNO.
Viele berühmte Namen bleiben unerwähnt. Es reifte aber der Gedanke, ein Buch über berühmte Auslandsösterreicher zu schreiben. Wir erlauben uns schon jetzt alle Leser aufzufordern, uns Namen bedeutender Frauen und Männer und deren Lebenswerk zu berichten.

Das Kulturprogramm

Der Weltbund bemüht sich, seinen Mitgliedern auch ein kulturelles Programm zu bieten; ein schwieriges Beginnen, wo doch in den einzelnen Gruppen so verschiedenartige Wünsche und Ansichten bestehen. Es ist praktisch unmöglich, einem Verein in einer Weltstadt wie zum Beispiel Rom, Paris, Berlin oder München, einen Kunstgenuß zu bieten, den sie nicht im Gastland zumindest ebenso vollendet haben können. Ganz abgesehen von der finanziellen Frage hat doch fast jeder Verein seine besondere Vorstellung von Kunst und Kunstform, von Lehre und Bildung, von Manier und Gestaltung; verschieden wie sein Publikum, seine Umwelt, sein Gastland sind seine Wünsche und seine Ideen.
Sicher: Der Weltbund hat sich im Rahmen seiner Möglichkeiten bemüht, Künstler und Vortragende ins Ausland zu schikken. Am besten kommen vielleicht die Vorträge über die alte Heimat an, die den Auslandsösterreicher selbst nostalgisch und auch seine Freunde interessieren. Filme wurden versandt; eine Aktion, die sich nicht gehalten hat: Die Filme waren nicht aktuell genug und vor allem, sie konnten im Gastland selbst leichter beschafft werden. Auch Wanderausstellungen waren aus finanziellen Gründen nur sehr beschränkt möglich; Klein-

1. Jahrgang

Heft 1

Österreich

Offizielles Organ
des
Österreichischen
Auslandsbundes

Bezugspreis für
12 Nummern 5 Schilling
für Übersee 1 Dollar

Einzelpreis 1 Schilling

der Auslandsösterreicher

Mitteilungsorgan des «Zentralverbandes der österreichischen Vereine im Ausland»

1. Jahrgang Nummer 1 Zürich, 15. Okt. 1952

Der Dank des Herrn Bundespräsidenten und des Herrn Außenministers

Der österreichische Generalkonsul in Zürich, Herr Dr. Fritz Hartlmayr, übermittelte uns folgendes Schreiben:

Im Auftrage des Bundeskanzleramtes, Auswärtige Angelegenheiten, habe ich die Ehre, Ihnen folgendes mitzuteilen:

Das Präsidium der Delegiertentagung der österreichischen Vereine im Ausland hat von Dornbirn aus an den Herrn Bundespräsidenten eine Treuekundgebung gerichtet. Der Herr Bundespräsident war über die ihm übermittelte Versicherung unverbrüchlicher Verbundenheit der im Ausland lebenden Österreicher mit ihrem Vaterland aufrichtig erfreut. Er begrüßt es, daß sich die österreichischen Vereine im Ausland zu einer Zentralorganisation zusammengeschlossen haben, und wünscht der Tätigkeit des Weltbundes der Österreicher im Auslande den allerbesten Erfolg. Die Auslandsösterreicher mögen die Versicherung entgegennehmen, daß die Heimat stets ihrer gedenken und bereit sein wird, ihnen im Rahmen des Möglichen beizustehen.

Ein neuer Faktor in den Beziehungen Österreichs zur Welt

Von Bundesminister Dr. Karl Gruber

Bundesminister Dr. Karl Gruber hielt an der Eröffnung der Delegiertentagung in Dornbirn folgende Ansprache:

Ich danke zunächst, daß uns die Stadt Dornbirn für diese Tagung ihre Gastfreundschaft gewährt. Ich glaube, die Stadt Dornbirn ist für diesen Zweck besonders gut gewählt, weil das Land Vorarlberg immer ein Muster unserer österreichischen Demokratie war und wir hier in einem Lande weilen, das durch seine geordnete Verwaltung und durch die Sauberkeit seiner inneren Einrichtungen in Österreich und darüber hinaus immer einen guten Ruf genossen hat.

Wenn ich, verehrte Freunde, Sie namens der Bundesregierung besonders begrüße und der Freude Ausdruck gebe, daß Sie nach Ihren vorbereitenden Arbeiten hier zusammengekommen sind, so lassen Sie mich über die inneren Verhältnisse ein paar Worte sagen, ein paar Worte aber auch über die Verhältnisse, in denen Sie draußen leben.

Sie wissen, daß unser Land eine schwere Geschichte hinter sich hat, eine Geschichte, die schon auf das Jahr 1914 zurückgeht und letzten Endes immer wieder d[illegible] Krisen, Kriege und so die einheitliche österreichische Nation doch zu bewahren und ihr inneren Halt zu geben, so kann man sicher sagen, daß das österreichische Volk in dieser geschichtlichen Periode seit dem Jahre 1945 auf große Leistungen zurückblicken darf. Wenn wir dazu noch bedenken, daß die kriegerischen Zerstörungen tiefe Schäden in unserem Lande zurückgelassen haben — und Sie selbst wissen, daß die materiellen Schäden nicht einmal die schlimmsten sind —, daß viele Wirkungen unter der Oberfläche da sind, die zu überwinden es noch Jahre braucht, daß alle diese Schwierigkeiten uns nicht gehindert haben, dieses Land wieder aufzubauen und wirtschaftlich zu organisieren; gewiß nicht auf jenen Lebensstandard zu bringen, von dem wir glauben, daß Österreich ihn verdienen würde, gewiß nicht so, daß wir alle Probleme auch nur in dem Maße lösen konnten, wie wir vielleicht gehofft haben, aber doch so, daß eine solide Lebensgrundlage unserem Österreich geboten worden ist, darauf können wir stolz sein. Sie selbst wissen oft besser als die Menschen, die dauernd hier in Österreich leben, daß unser Land wieder einen guten Namen in der Welt erworben hat und daß sich die Sympathien für unser Land und das Ansehen unseres Volkes

10

DIE STIMME ÖSTERREICHS

Der Auslandsösterreicher
MITTEILUNGSORGAN DES WELTBUNDES DER ÖSTERREICHER IM AUSLAND
Ausgabe II/Juni 1967

DER AUSLANDS ÖSTERREICHER

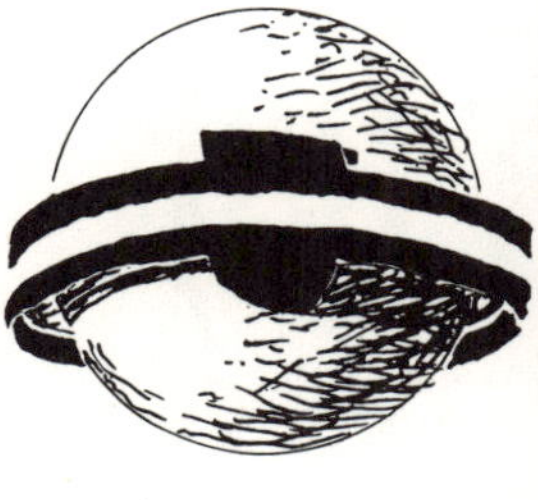

Offizielles Organ
des Weltbundes der Österreicher im Ausland
herausgegeben vom Auslandsösterreicherwerk

ROT WEISS ROT

I/78 Das Magazin für Auslandsösterreicher

INHALT

ROTWEISSROT

II/78

Das Magazin für Auslandsösterreicher

früher „Der Auslandsösterreicher“ 26. Jahrgang, II/78

Burgenländische Gemeinschaft

ORGAN DES VEREINES ZUR PFLEGE DER HEIMATVERBUNDENHEIT DER BURGENLÄNDER IN ALLER WELT

Folge 1/2, Jänner/Februar 1992 Nr. 315 37. Jahrgang

kunst, Solisten engagierte man – aber welcher berühmte Künstler würde sich einem Verein stellen, und gehöre er zu den bedeutendsten des Weltbundes? Der Rahmen wäre ihm zu klein, das Publikum nicht zahlreich genug, und daß die Begeisterung und Dankbarkeit wahrscheinlich viel herzlicher wäre als bei einem »öffentlichen« Gastspiel, das interessiert die Schauspieler, Musiker, Maler recht wenig.
Fazit: Die Vereine schaffen sich ihr eigenes Kulturprogramm. Sie kennen ihre Mitglieder, ihre Interessen – und so haben es die Vereine auch seit Jahren gehalten. Da gab es Abende von hohem Niveau: lokale Größen konnten gewonnen werden, gemeinsame Kunstfahrten und Museumsbesuche wurden veranstaltet, anerkannte Wissenschaftler berichteten über ihr Wissensgebiet, bildende Künstler stellten aus, Solisten gaben Konzerte, und wenn der Verein das Glück hat, eine Koryphae in seinem Mitgliederkreis oder bei Bekannten zu haben, dann gibt es künstlerische Veranstaltungen, die weit über die Corona Aufsehen erregen – man denke nur an Mailand, wo die Pianistin Alice Strauß und der Geiger Juan Carlos Rybin konzertierten – die italienischen Zeitungen waren voll davon. Soweit es möglich ist, leistet der Weltbund in diesen Fällen seine Hilfe.
Was das gesellschaftliche Leben anbelangt, so ist es weitgehend auf die Aktivität des Vereinsvorstandes angewiesen. Und da wird Vorbildliches in den Kreisen unserer Landsleute geleistet, das sehr oft weit über den Rahmen einer bloßen Vereinsveranstaltung hinausreicht. Die Österreich-Bälle in den großen Städten sind häufig die schönsten Feste des dortigen Faschings, und die Fahrten in die nähere und weitere Umgebung ziehen die Mitglieder ebenso an wie ihre Freunde – eine wunderbare Propaganda für Österreich!
Darauf aber kommen wir in den Vereinsnachrichten zu sprechen.

Die Kurzwelle – auf Aetherwellen mit der Heimat verbunden

»Österreich auf Kurzwelle« – es ist selbstverständlich, daß sich der Weltbund dieses bedeutendsten Mediums unserer Zeit bedient, um die Verbindung mit seinen Landsleuten aufrechtzuerhalten. Und dies seit Jahren schon, lange bevor der ORF – Kurzwellendienst in den modernen Riesenbau des Rundfunkzentrums auf den Küniglberg übersiedelte, als er noch in der Baracke der Argentinierstraße »residierte«, in kleinem Rahmen. Aber deshalb nicht weniger wirkungsvoll: Intendant Dr. Macher war es, der den Dienst leitete, und die Journalistin Hilde Marchett war die Seele des Unternehmens, die Woche für Woche die Sendungen zusammenstellte, die Unmasse von Briefen und Anfragen sichtete, um die Wünsche der Hörer erfüllen zu können. Prominente Gäste aus dem Ausland, Regierungsvertreter aus dem Inland, Landsleute, die zu Besuch nach Wien kamen, sprachen in diesen Sendungen, wichtige Mitteilungen werden in alle Welt gesendet, sie reichen bis zu den Wettermeldungen und Straßenzuständen für Touristen; vor allem aber erfahren unsere Landsleute Neuigkeiten aus der Heimat und die Begebnisse in den Kreisen anderer Auslandsösterreicher-Kolonien. Eine eigene Büchersendung informiert den Ausländer über den Stand der Literatur und des Verlagswesens daheim; und selbstverständlich gibt es auch fremdsprachige Sendungen – englische, französische, spanische und seit einiger Zeit auch slawische. Ja, sogar Esperanto kann man über die Kurzwelle hören...

Ein typisch österreichisches Musikprogramm gehört zu jeder Sendung. Und da ist der Rundfunk bemüht, über die Heurigen- und Weinseligkeit hinaus ein realistisches Bild des heutigen Österreich zu bieten, doch ohne in die jetzt so beliebte Herabsetzung und Schwarzmalerei zu verfallen.

Der Klage so manchen Auslandsösterreichers, daß er »die Kurzwelle ja doch nicht erwischen kann«, könnte leicht abgeholfen werden.

Der ORF verschickt an jeden Antragsteller sein Programm mit den Sendezeiten – freilich muß der Hörer auch die technischen Voraussetzungen kennen, ganz simpel: einen Apparat besitzen, der Kurzwelle mit den richtigen Frequenzzahlen empfängt. Da wird er zu seinem Vergnügen erfahren, daß man 24 Stunden im Tag in allen Teilen der Welt, auch auf hoher See, Nachrichten aus Österreich bekommen kann und dies durch den Kurzwellendienst des Österreichischen Rundfunks, dieses Bindeglieds zur Heimat, den Vermittler heimischer Kultur, stets aktuell und Experte in allen Gebieten des täglichen Lebens und vertraut mit den Fragen auf internationaler Ebene.

Die Zeitschrift

Einer der meist diskutierten, immer wiederkehrenden, auch meist umstrittenen Punkte jeder Hauptversammlung war das Thema »Unsere Zeitschrift«. Kein Wunder, war sie doch das Kommunikationsglied nicht nur zwischen der Wiener Zentrale und den Vereinen im Ausland, sondern auch das Bindeglied der Vereine untereinander; ein Mittel der Verständigung, der Anregung und, last but not least, ein Nachrichtenmagazin, das von der Heimat berichtete. Mitglieder des Weltbundes erhalten die Zeitschrift im Rahmen ihres Mitgliedsbeitrages.
Kritik, berechtigt oder unberechtigt gibt es manchmal. Es sei erwähnt, daß sich die Redaktion redlich bemüht, um die Interessen der Leser zu erfüllen.

Der »Österreichische Auslandsbund«

Der Weltbund, und somit auch seine Zeitschrift, besteht, wenn auch mit wechselndem Namen, seit vierzig Jahren. Daß es aber schon viel früher eine Organisation mit den gleichen Zielen gab, das kann man in der Nationalbibliothek erfahren: Dort nämlich liegt eine Druckschrift vor, die diese erste Organisation herausgab, sie nannte sich »Österreich – Offizielles Organ

des Österreichischen Auslandsbundes und der ihm angeschlossenen Vereine.« Die erste Nummer erschien im Jahr 1927, der Wiener Stephansturm ziert das Titelbild; der Auslandsbund selbst konstituierte sich im März 1926, also in der Zeit schwerster finanzieller Depression, die zahllose Menschen zur Auswanderung bewog. So nimmt auch der Bericht über Auswanderungen breiten Raum ein; es gab Arbeitslose in allen Berufssparten, Arbeiter und Akademiker, und wer eine Arbeitslosenunterstützung bezog, konnte wohl auch kaum damit sein Auslangen finden, sie betrug 80 Schilling im Monat, und das für die ganze Familie... Ziele der Auswanderer waren überwiegend Nord- und Südamerika – Brasilien vor allem –, aber auch die Levante, wo österreichische Facharbeiter Bahnlinien, Fabriken und Stahlwerke bauten; die aufkommende Autoindustrie zog in der Neuen Welt zahllose Ingenieure und technische Arbeiter an, und als neues Traumland erschien das junge Australien. Der Auslandsbund wollte ein Medium für alle diese weitverstreuten Landsleute sein und ist damit ein echter Vorläufer für den Weltbund. Daß es damals aber bei dieser Notlage für unsere Zeitschrift noch erheblich schwieriger war als jetzt, wird jedermann einleuchten. Geradezu flehentlich bittet der Auslandsbund seine spärlichen Mitglieder, die Zeitung zu abonnieren, Inserate zu bestellen, Beiträge einzusenden, wobei immer betont wird, daß das Rückporto beizulegen sei...
Wie lange sich der Auslandsbund halten konnte, wie viele Mitglieder er zählte, das ist kaum festzustellen, wohl aber steht der direkte Vorläufer unserer Zeitschrift fest, der nach leidvollen Kriegsjahren als Organ des eben gegründeten Weltbundes erschien und der sein Programm schon unter dem neuen Titel herausbrachte; er hieß:

»Der Auslandsösterreicher«

Botschafter Dr. Arthur Breycha-Vauthier, damals Vorstandsmitglied des Weltbundes in Zürich, berichtet darüber. Er führt

im wesentlichen aus, daß man nach langen Debatten das Blatt der »Vereinigung der Österreicher in der Schweiz und Liechtenstein«, das seit Juli 1951 in Zürich von Paul Pereszlènyi herausgegeben wurde und kostenlos an die Mitglieder ging, ausgestalten und dem neugegründeten Weltbund gegen einen Regiebeitrag überlassen sollte. Und so erschien am 15. Oktober 1952 die Nummer Eins des »Auslandsösterreichers« – das Schweizer Blatt hatte »Der Österreicher« geheißen.
Es war ein vielseitiges, gutes Blatt, dieser »Auslandsösterreicher« mit ausgezeichneten Autoren, ausführlichen Österreich-Themen, manche Nummern zur Gänze einem Bundesland oder einer einzigen österreichischen Stadt gewidmet – man sieht fast mit Neid auf die Fülle der Inserate, die vielen Kurznachrichten aus der Heimat, die Bilder... Aber die finanziellen Schwierigkeiten blieben bestehen, und als das Generalsekretariat des Weltbundes nach Wien übersiedelte (1957), mußte der »Auslandsösterreicher« sein Erscheinen als selbständiges Organ einstellen. Um aber wenigstens dessen wichtigste Aufgabe weiterzuführen und dem Blatt eine dauerhafte finanzielle Basis zu sichern, beschloß man, »Die Stimme Österreichs« in Wien, die bereits 1947–1952 erschienen war, wieder neu herauszugeben; sie sollte nun alle zwei Monate mit dem »Auslandsösterreicher« als Beilage erscheinen, er aber auch in den Monaten, wo keine »Stimme« erschien, selbständig herauskommen. Ab Frühjahr 1958 wurde daher der 7. Jahrgang des »Auslandsösterreichers« als Beilage zur »Stimme Österreichs« veröffentlicht.

»Die Stimme Österreichs«

Nicht alle fanden es eine glückliche Lösung: Die »Stimme Österreichs« war eine repräsentative Zeitschrift, die den Auslandsösterreicherfragen gewidmeten Rubriken schienen nur eine Art Anhängsel zu sein. Man hätte ein bloßes sachliches Mitteilungsblatt vorgezogen. Doch bemühten sich die Herausgeber, durch aufwendige Ausstattung und Hochglanzpapier, durch klingende Namen aus Politik, Kultur und Wirtschaft Abonnenten zu ködern; auf jeder Sitzung wurden neue Vorschläge, aber auch Vorhaltungen gemacht. Es gelang trotzdem kaum, ein regelmäßiges Erscheinen zu garantieren, und so kehrte man nach einer endgültigen Auseinandersetzung mit dem damaligen Herausgeber, dem Studio-Verlag Beyer, zum alten Namen zurück: Ab 1974 hieß das Blatt wieder

»Der Auslandsösterreicher«,

einzig seinem ursprünglichen Zweck gewidmet. Der Titel »Die Stimme Österreichs« ist vielleicht »literarischer«, richtiger aber ist »Der Auslandsösterreicher«. Beide allerdings erklären sich historisch ... Die Titeländerung wurde notwendig, weil der Name »Stimme Österreichs« vom Verleger Studio-Verlag Beyer als Eigentum beansprucht wurde und keine Einigkeit über die weitere Herausgabe erzielt werden konnte. Und so wurde auf Vorschlag des Präsidenten Holzmeister und des Zeitschriftkomitees der alte Titel »Auslandsösterreicher« bestimmt, mit dem Vermerk: »Offizielles Organ der Österreicher und ihrer Freunde im Ausland«.
Aber auch dieser Titel hielt sich nur einige Jahre, genaugenommen bis zum Amtsantritt des neuen Präsidenten des Auslandsösterreicherwerks Fritz Molden im Jahr 1977.

ROT-WEISS-ROT – Das Magazin für Auslandsösterreicher

Dem neuen Präsidenten Fritz Molden, einem Schriftsteller und Journalisten von hohem Format, schien der Name für ein Organ, das »weltumspannend« sein sollte, zu begrenzt; zugleich sollte noch eindringlicher auf das Patriotische der Vereinigung und ihres Blattes hingewiesen werden; mit einem neuen Titel, einem neuen Erscheinungsbild, mit dem Rot-Weiß-Rot der österreichischen Fahne. Das von Professor Holzmeister entworfene schöne Wahrzeichen des Weltbundes, eine von einem rot-weiß-roten Band umschlossene Weltkugel, das auch als Sonderbriefmarke erschienen war, wurde ins Innere des Blattes gesetzt.

Dies ist die kurz gefaßte Geschichte unserer Zeitschrift. Wesentlich wäre es, den Inhalt zu besprechen, aber der ist, wie wir hoffen, den Mitgliedern des Weltbundes bekannt. Er hat sich nicht geändert, nicht in seiner Zielsetzung, nicht in seinem Programm: Die Zeitschrift bemüht sich, ein möglichst vollständiges Bild der kulturellen und wirtschaftlichen Ereignisse der Heimat zu vermitteln, vor allem aber, den Landsleuten in aller Welt zu erzählen von ihren Vereinen, ihren Ambitionen, ihren Wünschen, ihren Ansprüchen. Tagesereignisse und Probleme Österreichs sind freilich nur sehr sporadisch angeführt, das wäre in einer Zweimonatsschrift auch kaum sinnvoll, wo man heute in aller Welt durch Rundfunk und Fernsehen die Möglichkeit hat, solche Begebnisse hautnah zu verfolgen. Der Alltag der Vereine aber, ihre Veranstaltungen, ihre Feste und ihre Sorgen, die sind von unserer Zeitschrift zu behandeln, und das werden wir nach bestem Können tun. Die Rubrik »Aus dem Zehnten Bundesland« von Ges. Dr. Klein redigiert berichtet, über Sitzungen, über lokale Geschehnisse und über Personelles, was eben der Redaktion selbst von den Vereinen mitgeteilt wird.

Das ist der eigentliche Zweck des Blattes, und das ist auch sicher die erste Rubrik, zu der die Leser im Ausland greifen, wenn sie die Zeitschrift erhalten. Weltbund und Auslandsösterreicherwerk, Vorstand und Generalsekretariat bilden die feste Gemeinschaft, die sich in diesem Blatt auszudrücken sucht und deren höchster Zweck es ist, den Landsleuten im Ausland die Heimat teuer und wert zu erhalten.

Die Jugend und der Weltbund

Wohin aber treibt die dritte Generation? So fragte schon ein Artikel aus dem Jahr 1973 in der Zeitschrift Rot-Weiß-Rot. Die zweite Generation, ja, die hängt vielleicht noch mit einem Faden, und wenn es auch nur ein dünner, seidener ist, an dem Land, aus dem ihre Eltern stammen, von dem sie dann und wann mit einer leisen Wehmut erzählen, von dem sie manchmal Bilder oder Fotos zeigen oder gar ein Buch aus dem Regal ziehen, das ein Dichter dieses nebulosen Gebiets geschrieben hat. Vielleicht erweckt es die Neugier der Jungen, aber eher Langeweile... Wenn sie dann älter werden und selbst eine Familie gründen, dann reißt auch dieser letzte Faden ab und dies besonders, wenn sie in einem fremdsprachigen Land aufwachsen. Die alte Heimat der Großeltern wird bestenfalls zu einem Reiseland wie irgendein anderes – daß es aber da geheimnisvolle Bindungen gibt, daß ein Funken entfacht werden könnte, der zu einem warmen Feuer wird, der ein Zugehörigkeitsgefühl erweckt, wie man es zu keinem andern Punkt auf der Landkarte spürte, das wird wohl ganz selten gelingen...

Daß dieser versteckte Funken geschürt werden müßte, das ist den Eltern klar, wenn sie selbst noch an der Heimat hängen. Aber was hat einmal ein sehr bekannter Pädagoge gesagt? Die Eltern und die Lehrer sind die Letzten, auf die junge Menschen hören! *Selbst* müßten sie draufkommen, und da dies eine überaus vage Hoffnung ist, müßten es Außenstehende sein, die einzuwirken suchen, und je weiter entfernt die Werber vom heimischen Herd sind, desto eher kann es zu einem Erfolg führen. Zu einem Erfolg, der den jungen Menschen selbst die größten Vorteile bringen, ja, der sie sogar glücklich machen kann.

Es war daher von Anfang an das Bestreben des Weltbundes, eine Jugendorganisation zu schaffen, die sich um die in aller Welt verstreuten Kinder und Kindeskinder ausgewanderter Landsleute kümmert, ihnen etwas bietet. Denn heute, wo die Welt offensteht, wo nicht nur Schulen und alle Arten Lehranstalten, sondern auch Reisebüros und Verkehrsbetriebe gezielt um die Jugend werben, da gehört schon ein fester Verband, ein Betrieb dazu, um ihr Interesse gerade für die alte Heimat zu wecken. Es war ein großes Glück für den Weltbund, daß die Journalistin

Frau Traude Walek-Doby auf den Plan trat und erst von ihrer Wahlheimat Basel, dann von ihrer Heimat, dem Waldviertel, aus eine Organisation aufzubauen begann, die dieses schwierige Problem zu lösen suchte. Sie schuf eine solide Sektion, die von Jahr zu Jahr auf größere Erfolge blicken kann. In jeder Sitzung berichtet Frau Walek-Doby von ihrer Tätigkeit, und in jeder Nummer der Zeitschrift gab es Notizen oder Artikel über die Fortschritte der Aktion; sie stiegen stetig und sie sind immer staunenswerter.

Nach den beiden Kriegen hat das Ausland Tausende hungernde österreichische Kinder aufgenommen und aufgepäppelt. Die »Kinder« und die jungen Leute von heute hungern nicht, gottlob, aber es werden ihnen hier Möglichkeiten geboten, die sie ohne ihre Hilfe nie bekommen hätten. Es begann mit Ferien bei Privatfamilien im Waldviertel, 1981 kamen erstmals zehn Auslandsösterreicherkinder, die Sprache und österreichisches Familienleben kennenlernten, sie wohnten bei Landwirten, bei Geschäftsleuten, bei Lehrern... Nun sind über zehn Jahre seit diesem Beginn verflossen, die Aktivitäten haben sich vervielfacht und die Teilnehmer erst recht. Es werden geboten: Jugendlager, Sportwochen, Reitwochen (mit Islandponys!), Singwochen und anderes; Ferialpraxen, Lehrstellen werden vermittelt – unter bestimmten Kautelen natürlich –, alles auf Initiative Frau Walek-Dobys zurückgehend und berechtigterweise auch offiziell anerkannt: Die tüchtige Jugendreferentin des Weltbundes erhielt 1988 einen Werksvertrag durch Landeshauptmann Ludwig, der die Zusammenarbeit der Auslandsösterreicherjugend mit dem Niederösterreichischen Jugendreferat ermöglicht. Zwei Jahre später wurde ein Planposten für die Auslandsösterreicherjugend geschaffen, den selbstverständlich Frau Walek-Doby innehat. Sie residiert im Haus der Niederösterreichischen Landesregierung in der Herrengasse. Daß sie längst in den Vorstand des Weltbundes kooptiert ist, versteht sich von selbst.

Mit dem Jahr 1991 waren bereits 800 Kinder in den verschiedenen Gegenden Niederösterreichs in Ferienlagern, viele kamen

mehrmals, allein 1991 waren es 150 Kinder aus aller Welt. Höhepunkt ihres Aufenthalts ist zweifellos die Teilnahme an dem Auslandsösterreicher-Jugendtreffen im Rahmen der Weltbundtagung, wo die jungen Leute – in Krems waren es 21 – von den höchsten Vertretern der Bundesregierung, vom Bundespräsidenten abwärts, und vom Präsidenten des Weltbundes einzeln begrüßt werden und hübsche Andenken erhalten. Für die Teilnehmer an diesen Tagungen ist es stets ein besonders erfreulicher Anblick, diese jungen Geschöpfe zu sehen, wie sie auf dem Podium aufgereiht stehen, etwas verlegen zwar, aber sich durchaus ihrer Bedeutung bewußt.
Auch Ferialpraxen werden vermittelt, das schon 1981 von Frau Walek-Doby gegründete »Waldviertler Ferienwerk« für Auslandsösterreicherkinder ermöglichte mit seinen Zuschüssen vielen von diesen Kindern den Aufenthalt in einer schönen niederösterreichischen Gegend. Sie kamen aus europäischen, aber auch aus exotischen Ländern wie Indien, Mexico, Chile, Brasilien, ja, sogar von Mauritius und ebenso aus Ostblockstaaten. Wenn man Frau Walek-Doby im Kreis ihrer Schützlinge sieht, immer gut aufgelegt, immer lächelnd, dann findet man die Bezeichnung, die ihr eine österreichische Zeitung gegeben hat, berechtigt: *»Mamma Internationale«*.

Das Kulturpaket

Eine andere, gar nicht hoch genug einzuschätzende Aktion der Nimmermüden ist das *Kulturpaket*. Wer Bücher liebt, den schmerzt nichts so sehr wie die Vernichtung von Druckwerken, besonders »druckfrischer« Bände. Die Restposten bei Schulbuchverlagen, neue, schöne Exemplare, manche mit geringfügigen Änderungen, Lese-, Rechen-, Geschichts-, Liederbücher, ja, sogar Atlanten, die früher eingestampft wurden, finden nun Verwendung. Frau Walek-Doby schaltete sich ein, nicht nur zur Freude der jungen Leute, sondern aller Bücherfreunde: Sie sammelte diese Bände für die Auslandsösterreicherkinder und schuf die Aktion »*Kulturpaket*«. Ungefähr 30.000 Bücher sind der fluktuierende Bestand, rund 8000 werden jährlich verschickt, in kleineren und größeren Paketen. Die Bücher sind eine Verlagsspende, und der Versand kommt größtenteils durch Spenden herein. Der Erfolg: Die jungen Auslandsösterreicher lernen aus österreichischen Büchern, und nicht nur der Inhalt, auch die Ausstattung gefällt ihnen; sie gehören zu den schönsten Schulbüchern der Welt, erklären die Schüler übereinstimmend.

Die Aktion »*Jugendarbeit*«, in starkem Aufschwung begriffen – auch andere Bundesländer schließen sich bereits langsam an – gehört somit zu einem der erfreulichsten, und, wie wir hoffen, auch zukunftsträchtigsten Posten der gesamten Auslandsösterreichertätigkeit.

Das St.-Georgs-Kolleg in Istanbul

Auch im Ausland soll österreichisch erzogen, österreichisch unterrichtet werden, sei es durch österreichische Lehrer in deutschen Schulen – die es in vielen Ländern gibt – sei es aber sogar in einer eigenen österreichischen Schule. Das schönste Beispiel ist das St.-Georgs-Kolleg in Istanbul, das ein Kommentator der »Wiener Zeitung« als »Österreichs größtes Erfolgserlebnis auf dem Gebiet der bilateralen Zusammenarbeit zwischen Staaten völlig unterschiedlicher Kultur und Religion« genannt hat. In Wien wie in Istanbul wurde der Gründungstag – 27. Mai 1983 – als Zentenarfeier festlich begangen: In der St. Georgskirche durch einen Gottesdienst, durch einen Empfang in der österreichischen Botschaft sowie durch Festakte in der Schule selbst und auf der Prinzeninsel, wo es Sportfeste gab.

Der Gebäudekomplex im Galataviertel, einem Stadtteil rein osmanischen Ursprungs, diente ursprünglich der österreichischen Marine, wurde vor hundert Jahren von den Lazaristen erworben, die aus der Ordensgemeinschaft des hl. Vincent von

Paul aus der Steiermark stammen, und eine Schule sowie ein kleines Spital errichtet. Sinn und Zweck der Schule war vor allem die Förderung des gegenseitigen Verständnisses zweier Weltreligionen, der Dialog mit dem Islam. Die Österreicher, die in der Türkei, vor allem natürlich in Istanbul, lebten, schickten ihre Kinder gern in diese Schule, obwohl die türkischen Schüler überwogen. »Wir wollen unsere Schüler, die türkische Staatsbürger sind, nicht zu Quasiösterreichern machen«, sagte der Superior wörtlich, »aber wir wollen ihnen österreichische Art und Kultur nahebringen, damit sie unser Land verstehen und Vorurteile beseitigen; wir wollen eine Brücke zwischen Christentum und Islam bauen...«

Dieses Programm ist freilich leichter gesagt als getan, aber die türkischen Behörden stehen dem Kolleg wohlwollend gegenüber. Man hat nicht vergessen, daß die Lazaristen nach Gründung der Schule während einer Choleraepidemie ein kleines Spital mit nur drei geistlichen Schwestern errichteten, in dem Türken wie Christen Aufnahme fanden.

Die Schule genießt Öffentlichkeitsrecht, die Matura gilt in Österreich wie in der Türkei. Unterrichtet wird in zwei Sprachen, in deutsch und türkisch, 44 Lehrpersonen sind ständig beschäftigt; als beste der ausländischen Schulen wird das Kolleg von türkischen Fachleuten bezeichnet. Ein Spital mit 18 Barmherzigen Schwestern ist beigeschlossen, wo nach modernsten Methoden behandelt wird; es gibt ein Internat nur für Mädchen; 700 Knaben und 450 Mädchen besuchten die Schule im Berichtsjahr – der letzte Ausläufer österreichischer Bildung am Rand des unendlichen Meeres des Islams.

Wir haben keine andere österreichische Schule im europäischen Ausland, wohl aber unterrichten österreichische Lehrer an deutschen Schulen, die ganze Klassen leiten. So in Rom, wo Professor Dr. Walter Hermann auch Präsident des Österreich-Vereins in Rom wurde, geschätzt im Verein und geliebt in der Schule. Es war ein harter Schlag für die österreichische Gemeinde, als er Rom verließ, um in Bad Aussee Direktor des

Gymnasiums zu werden. Auch andere Hauptstädte haben deutsche Schulen oder zumindest Klassen, die, teils mit österreichischen Lehrern besetzt, den Auslandsösterreicherkindern zur Verfügung stehen.

Österreichische Schule in Guatemala

Daß es ausgerechnet in *Guatemala* in Mittelamerika eine eigene österreichische Schule gibt, die Unterricht vom Kindergarten bis zur Matura erteilt und die von einer ganzen Anzahl österreichischer Lehrer betreut wird, ist ebenso verwunderlich wie erfreulich. Der Direktor, Magister Günther Edelmann – aus dem Waldviertel (!) stammend – leitet sie. Die Schule trägt den Titel: »Instituto Austriac Guatemalteco«; die Lehrer stammen aus allen Bundesländern, das übrige Personal aus ausgewählten Kräften Guatemalas. Die Verwaltung liegt in den Händen der »Österreichisch-Guatemaltekischen Kulturvereinigung«, die seit 1967 besteht und deren Präsident der österreichische Honorarkonsul ist. Unterrichtet wird in spanischer, deutscher und englischer Sprache. Die Schule hat starken Zulauf, ungefähr tausend Schüler aller Altersklassen besuchen sie. Das ist vor allem ein Verdienst des hohen Niveaus des Lehrplans, der bedacht ist, den internationalen Bildungsstand zu halten, um den Absolventen Aufstiegsmöglichkeiten nicht nur in lateinamerikanischen Staaten, sondern in der gesamten übrigen Welt zu ermöglichen. Außerdem bemüht sich die Verwaltung, die Schulgelder so niedrig zu halten, daß die Schule auch von Kindern ärmerer Schichten besucht werden kann. Das ist freilich vor allem dem österreichischen Staat zu danken, der nicht nur den Ankauf der Gebäude aus Privathänden, sondern auch die weitere Entwicklung bester österreichischer Lehrkräfte und finanzielle Unterstützungen besorgte. Die Generationen, die aus dieser Schule hervorgehen, haben unschätzbare Vorteile in einem Land, dessen allgemeine Lehranstalten das internationale Niveau kaum erreichen. Ein Weiterstudium in andern

Staaten ist möglich, vor allem aber können sie den Standard im eigenen Land beträchtlich heben. Denn die Leistungen dieser »Österreich-Schule« wirken sich durchaus nicht nur auf Guatemala aus; eine kulturelle Ausstrahlung auf ganz Zentralamerika ist denkbar, haben doch die österreichischen Lehrpläne einen ausgezeichneten Ruf in der ganzen Welt. Eine ehrenvolle und würdige Aufgabe zur Erhaltung und ständigen Verbesserung unserer freundschaftlichen kulturellen wie auch wirtschaftlichen Beziehung zu diesen Ländern könnte auch durch diese Institution erreicht werden, so sagte mit Recht der Direktor der Schule auf seinem gewiß nicht immer leichten Posten.

Und nun umgekehrt: österreichische Inlandsjugend
lernt Auslandsösterreicher kennen:

Der Aufsatzwettbewerb 1969/70

Es war eine Idee des Unterrichtsministeriums, den Nationalfeiertag 1969 unter das Motto des »Jahrs des Zehnten Bundeslandes« zu stellen. Dadurch sollten die Schüler angeregt werden, sich mit den Problemen unserer Landsleute im Ausland zu befassen. Der Weltbund griff die Idee mit Freuden auf und veranstaltete seinerseits, begünstigt vom Unterrichtsministerium, einen Aufsatzwettbewerb für die Schüler der allgemein bildenden höheren Lehranstalten. Die Themen lauteten:

für die 5. und 6. Klassen: Kann ein Auslandsösterreicher seiner alten Heimat auch in der Fremde verbunden bleiben und ihr dienen?,

für die 7. und 8. Klassen: Der Auslandsösterreicher – Chance und Verpflichtung für die Heimat.

Der Aufsatz wurde in Form einer Hausarbeit gegeben und mußte bis zum 1. Jänner 1970 geliefert werden. Die Preise bestanden in Auslandsaufenthalten, die von den Auslandsösterreicher-Vereinen großzügig gespendet wurden; außerdem verteilte das Außenamt Bücherpreise.

Die Aktion war in jeder Beziehung ein fast überwältigender Erfolg. Zum einen, weil die Arbeiten der Schüler eine staunenswerte Einfühlungsgabe und Kenntnis der gestellten Frage bewiesen; zum andern, und dies vor allem, weil sich die Großzügigkeit und Opferbereitschaft, der Zusammenhalt der Vereine draußen, wie kaum in einem andern Fall erneut bewährt hat.

So gehört der Aufsatzwettbewerb wohl auch zu den glücklichsten Ideen des Weltbundes. Aus verschiedenen Gründen: erstens, weil wir damit Zugriff auf einen Kreis erlangten, der uns sonst praktisch verschlossen ist, nämlich die österreichische Jugend des Inlandes; zweitens, weil diese Aktion von einer so wichtigen Behörde wie dem Unterrichtsministerium nicht nur gefördert, sondern sogar zum Motto für die Schulfeiern zum Nationalfeiertag genommen wurde; drittens, weil wir glauben, daß diese Ferienaktion eine Mensch-zu-Mensch-Verbindung schaffen konnte, die ihre segensreiche Weiterwirkung haben wird; viertens, und letztens – wobei dies im wahrsten Sinn als »last but not least« gemeint ist –, weil sich, wie schon gesagt, ein einmütiges Verständnis und ein Einsatz der Auslandsösterreicher, einzeln und im ganzen Verein, ergab, die nicht nur die Aktion, sondern die Idee des Weltbundes selbst auf schönste Art rechtfertigten.

Über 250 Arbeiten gingen ein; die Themen und die Unterlagen wurden vom Weltbund gewählt, die Arbeiten vom Unterrichtsministerium vorzensuriert. Die Jury stand unter dem Vorsitz des Gesandten Dr. Klein, Mitglieder waren zwei Referenten des Unterrichtsministeriums und des Generalsekretariats (Paul Balkany und Dr. Grete Steinböck). Die in Aufsatzwettbewerben sehr versierten Herren des Ministeriums erklärten, daß es sich hier um einen besonders interessanten, weil »menschlichen« Wettbewerb mit hohen moralischen Werten und von psychologischer Bedeutung handle. Es gab Arbeiten von hohem Niveau, ja, in origineller Form und Ausführung, freilich auch schwächere, aber das ist wohl nicht zu vermeiden... Nicht leicht war die Verwertung der Ergebnisse und die endgültige Verteilung.

Viel Korrespondenz war nötig, um die Wünsche der Spender mit den Wünschen der Preisträger abzustimmen, nachdem schon vorher eine möglichst individuelle Vergebung versucht wurde. So bemühten wir uns, Schüler aus dem Flachland ins Gebirge zu schicken, ein Mädchen aus einer Klosterschule nach Rom, einen technisch interessierten Jungen in eine moderne Weltstadt wie Hamburg, Berlin, Düsseldorf oder Paris, wobei wir, da uns die Spender zum Unterschied von den Schülern bekannt waren, auch überlegen mußten, ob ihnen gerade dieser Schüler recht wäre. Eine Schwierigkeit ergab sich auch dadurch, daß wir die Preisträger nicht persönlich kannten, denn, und auch das hob das Unterrichsministerium lobend hervor, bis auf eine einzige Preisträgerin stammten alle Schüler aus den Bundesländern. Man konnte der Wiener Jury daher wirklich keine Parteilichkeit vorwerfen!
Im allgemeinen aber hat die Verteilung Spender und Preisträger befriedigt. Der Schüler, der in Genf war, schwärmte geradezu von seinem Aufenthalt, die beiden jungen Leute in Amsterdam und den Haag schrieben begeistert, ebenso die besonders sympathische Kleine, die nach Lugano kam, nicht zu reden von dem Mädchen in Rom; der Düsseldorfer gefiel seinen Gastgebern ebenso wie ihn selbst Land, Stadt und die Leute beeindruckten; das Mädchen in München wurde sogar vom Oberbürgermeister empfangen, und der junge Gast des Austria-Clubs Basel – er war von dem leider so plötzlich verstorbenen treuen Auslandsösterreicher Georg Schwinger eingeladen gewesen – schrieb, er werde diese Woche niemals vergessen. Das sind nur einige Beispiele ... Vor allem aber hatte der Weltbund den österreichischen Freunden im Ausland, seien es Vereine, seien es Einzelpersonen, herzlichst zu danken. Man wußte, daß einige von ihnen den Urlaub änderten, daß durchdachte und ausgeklügelte Programme zusammengestellt wurden, um den jungen Leuten alles zu zeigen, was die Wahlheimat bot. Und nicht zu vergessen, große materielle Opfer wurden gebracht. Aber alles, Zeit, Geld, reifliche Überlegung sind auf fruchtbaren Boden gefallen. Dem Schüler, der vielleicht schon

einige Male im Ausland gewesen ist, waren die Auslandsösterreicher trotzdem fremd geblieben. Nun hatte er sie mit ihren Problemen, in ihrer ganzen Bedeutung kennengelernt, und nicht nur er, sondern auch seine Familie, auch sein Freundeskreis. Vielleicht wurde ein zukünftiger Auslandsösterreicher geboren. Aber gewiß einer – das dürfen die Inlandsösterreicher mit einem Schuß Egoismus sagen –, der wie seine Gastgeber im Herzen der Heimat treu blieb. Das dankt *er* seinen Gastgebern – und das dankt der Weltbund den Spendern.

Mehr als zwanzig Jahre sind seit diesem Aufsatzwettbewerb vergangen; es wurde vom Weltbund aus nichts Ähnliches mehr unternommen. Wohl intern von den Vereinen – in Rom zum Beispiel –, aber wir glauben doch, daß die Preisträger von damals, die längst im Berufsleben stehen, noch an diese Ferienwochen zurückdenken. Und ihret –, aber auch unseretwegen wollen wir die Namen hier festhalten sowie jene der Spender.

Bücherpreise wurden außerdem vergeben, das Außenamt hatte sie auf Anregung des Gesandten Dr. Klein gestiftet. Und zwei der Preisträger – sie waren Kärntner – erschienen zur Freude des Plenums bei der Hauptversammlung des Weltbundes in Klagenfurt.

Alles in allem: auch eine Art Jugendarbeit – wenn auch in umgekehrtem Sinn und in viel kleinerem Rahmen. Aber vielleicht auch mit gleicher Wirkung!

Hauptpreise

Amsterdam: 2 Wochen Aufenthalt mit Reise:
Alexander Wokaun, 8a Klasse
Akademisches Gymnasium Salzburg, Universitätsplatz 1, Salzburg

Johannes Zajz, 8. Klasse
Missions-Privatgymnasium St. Rupert, Bischofshofen

Basel: 1 Woche Aufenthalt mit Reise:

Herbert Gehringer, 5. Klasse
Bundesgymnasium Oberpullendorf, Burgenland

Berlin: 1 Woche Aufenthalt mit Reise (ev. Flugreise):

Annemarie Herburger, 6b Klasse
Bundesgymnasium Feldkirch, Feldkirch

Düsseldorf: 1 Woche Aufenthalt mit Reise:

Johannes Schnabl, 6b Klasse
1. Bundesgymnasium Klagenfurt

Frankfurt: 1 Woche Aufenthalt mit Reise:

Eduard Fuchs, 8b Klasse
Bundesrealgymnasium Reutte in Tirol

Genf: 1 Woche Aufenthalt mit Reise:

Rupert Waranitsch, 7. Klasse
Musisch-pädagogisches Realgymnasium der Diözese Eisenstadt-Wolfgarten, Eisenstadt

Hamburg: je 1 Woche Aufenthalt mit Reise:

Wolfgang Kainz, 5a Klasse
Bundesgymnasium und Bundesrealgymnasium Bruck/Mur

Helga Mayer, 7b Klasse
Bundesgymnasium Wien 13, Fichtnergasse 15

Johannes Schwenner, 8a Klasse
Expositur Tanzenberg des Bundesgymnasiums Klagenfurt, Klagenfurt, Völkermarkterring 27

Kopenhagen: 1 Woche Aufenthalt mit Reise:

Helmut Opletal, 8a Klasse
III. Bundesgymnasium Linz, Ramsauerstraße 94, Linz

Lugano: 1 Woche Aufenthalt mit Reise:

Eva Anker, 5a Klasse
Musisch-pädagogisches Bundesrealgymnasium Mistelbach NÖ

München: 1 Woche Aufenthalt mit Reise:

Irene Watzinger, 5b Klasse
Bundesgymnasium für Mädchen, Villach, Kärnten

Paris: 1 Woche Aufenthalt mit Reise:

Herbert Graf, 7. Klasse
Musisch-pädagogisches Realgymnasium Krems

Hochschulstipendien für Auslandsösterreicher

Das Bundesministerium für Wissenschaft und Forschung hat für das Studienjahr 1979/80 20 Stipendien für Auslandsösterreicher zur Verfügung gestellt, die unter folgenden Bedingungen vergeben werden:

1. Als Bewerber kommen österreichische Staatsbürger in Frage, die seit mindestens fünf Jahren ihren ständigen Wohnsitz im Ausland haben.

2. Die Bewerber müssen ihr Hochschulstudium abgeschlossen haben oder sich kurz vor Studienabschluß befinden.

3. Der Stipendienwerber muß mit einem konkreten Studien- oder Forschungsvorhaben in Österreich im Rahmen seiner akademischen Ausbildung bzw. Fortbildung zu arbeiten beabsichtigen.

4. Das Stipendium beträgt für Studierende S 5000,– pro Monat, für Akademiker S 5500,– und umfaßt weiters eine kostenlose Kranken- und Unfallversicherung sowie das kostenlose Studium.

5. Die Dauer des Studiums beträgt mindestens zwei, höchstens jedoch vier Semester.

6. Die Bewerbungen um ein Stipendium haben über die österreichischen Vertretungsbehörden im Ausland bzw. über das Auslandsösterreicherwerk unter der Verwendung der Formulare »Bewerbung um ein Auslandsstipendium« zu erfolgen. Weiters hat der Bewerber ein Empfehlungsschreiben für ein Auslandsstipendium, ausgestellt vom zuständigen Professor, vorzulegen, ein Gesundheitszeugnis sowie eine Bestätigung

über die Kenntnis der deutschen Sprache. Die hierfür notwendigen Formulare sind bei den österreichischen Vertretungsbehörden oder beim Auslandsösterreicherwerk erhältlich.

7. Die Stipendienvergabe erfolgt durch das Bundesministerium für Wissenschaft und Forschung, wobei ein Vertreter des Auslandsösterreicherwerkes zur Auswahlsitzung eingeladen wird.

8. Die Ausschreibung der Stipendien erfolgt bereits im Herbst 1978, damit Bewerbungen bis spätestens 15. April 1979 im Bundesministerium für Wissenschaft und Forschung eintreffen. Dieser Termin muß festgelegt werden, um eine Unterbringung der Kandidaten an den österreichischen Universitäten und wissenschaftlichen Einrichtungen zu ermöglichen. Die Stipendien werden bis spätestens 30. Juni 1979 zuerkannt.

1969 – Das Jahr des Zehnten Bundeslandes

Durch keine Ehrung konnte das Zehnte Bundesland höher ausgezeichnet werden als durch das Dekret des Bundespräsidenten Franz Jonas, das Jahr 1969 zum »Jahr des Zehnten Bundeslandes« zu erklären. Ein Begriff hatte Inhalt erworben, eine Definition lebendige Gestalt, eine schon lange bestehende, weithin gestreute Gemeinschaft trat als Ganzes auf den Plan, anerkannt von den höchsten Regierungsstellen wie von den Bürgern der Heimat, die nur verschwommene Vorstellungen von ihr gehabt hatten. Es waren zwar Leistungen in den letzten beiden Dezennien von ihr erbracht worden, in Presse und Rundfunk hatte man davon gehört, gelesen, jetzt aber stand sie da, leibhaftig, würdig, einem Jahr seinen Sinn zu geben.

Der Festakt

Der berühmte bildende Künstler und Architekt Professor Dr. Clemens Holzmeister war Präsident des Auslandsösterreicherwerkes in jenem Jahre, der erprobte, temperamentvolle Wilhelm Rybin aus Mailand Präsident des Weltbundes. In schöner Einmütigkeit, wie es seit jeher der Fall war, beschlossen die Vertreter der beiden Organisationen, unterstützt von den Regierungsbehörden, einen Festakt zu gestalten, der dem Anlaß entsprach: auf höchster Ebene, in einem prachtvollen Rahmen und einem Glanz, die den Feiernden ebenso wie den Außenstehenden die Bedeutung dieses Zehnten Bundeslandes unvergeßlich einprägen sollten.

Als Datum wählte man – ebenfalls symbolhaft – den 14. Mai, den Jahrestag der Befreiung Österreichs. Den dichterischen Vorspruch von Johannes Urzidil, eigens für diesen Tag verfaßt und von der Burgschauspielerin Judith Holzmeister gesprochen, haben wir dieser Festschrift vorgesetzt – er ist die beste Einleitung, die man ihr geben konnte. Den Rahmen bildete einer der schönsten Säle Österreichs, der Prunksaal der Nationalbibliothek, der an diesem Tag in ein ganz besonderes Licht getaucht schien, das von den Wänden mit den endlosen Reihen goldglänzender Bücherrücken widerstrahlte, als das Staatsoberhaupt mit seinem Stab zum Klang der Bundeshymne den herrlichen Raum betrat. Nicht nur der Schönheit halber habe man diesen Saal gewählt, erklärte der Direktor der Bibliothek, der Hausherr, sondern auch, weil der Name »Nationalbibliothek« allein bereits verrate, daß es sich um das Geistesgut verschiedenster Nationen handle, das hier gestapelt und das von einem Auslandsösterreicher höchsten Herkommens gegründet worden war, vom Prinzen Eugen, der seinen Namen in drei Sprachen schrieb, der drei Kaisern diente und der Retter Österreichs und Europas gewesen war...

Formvollendet, mit dem Schwung der Begeisterung, wie nicht anders zu erwarten war, hielt Präsident Wilhelm Rybin seine Rede, die den tiefen Dank der Auslandsbürger für dieses Fest ausdrückte. Daß die Häupter der Bundesregierung gekommen waren, sei ein gutes Omen dafür, daß die Wünsche der Auslandsösterreicher auch weiterhin Beachtung fänden; Besorgnis löse freilich die Tatsache aus, daß die Jugend so schwer zu erfassen sei und daß aufklärende und helfende Tätigkeit auch vom Inland aus kommen müsse... Die Vaterlandsliebe der Auslandsösterreicher, so betonte Wilhelm Rybin, sei weder ein kurzsichtiger, auf einseitige Kenntnis der Verhältnisse fußender Patriotismus, der, wie die Geschichte lehrt, Gefahr läuft, in engstirnigen Fanatismus auszuarten, noch könne sich ein im Ausland lebender Österreicher in einem verflachenden Dämmerschlaf wiegen, was zu einem Aufgehen im Gastland und zu einem Verlust der Heimat führen müßte... Aber bei der dominierenden Mehrheit haben die Gefühle der Liebe und der Treue die Feuerprobe bestanden, denn: »Wir sind keine Zufallsösterreicher, unser wahres Ich wurzelt zutiefst in Österreich...«

Dr. Kurt Waldheim, damals Bundesminister für Auswärtige Angelegenheiten, zeigte sich in seiner Rede wie immer als echter Kenner der Auslandsösterreicher und ihrer Probleme, hatte er sie doch jahrelang in verschiedenen hohen Stellen vertreten. Er bewies es wieder in der fulminanten Kenntnis der wesentlichen Fragen, wobei er die große Bedeutung der »Stillen im Lande« hervorhob, die, wie immer wieder erkannt wird, oft mehr zum Image des alten Vaterlandes beitragen als Nobelpreisträger oder Wirtschaftsbosse...

Daß Bundespräsident Dr. Franz Jonas ein erklärter Freund des Zehnten Bundeslandes ist, das haben unsere Landsleute bei ihren Tagungen oft und oft erfahren. »Das Bundesland, das auf keiner Landkarte aufscheint«, sagte er wörtlich, »nimmt immer deutlichere Gestalt an. Der heutige Festakt markiert die Erreichung eines Etappenzieles in dem berechtigten Streben der Auslandsösterreicher auf rechtliche und moralische Gleichstellung mit ihren Landsleuten in der Heimat... Sie haben die gleichen Sorgen wie die Menschen hier, nur braucht der Auslandsösterreicher mehr Wagemut, um sich durchzusetzen... Umso größere Anerkennung ist seiner Leistung zu zollen, die nicht nur ihr und seinem Gastland, sondern uns allen zugute kommt... Der erfolgreiche, liebenswerte und tüchtige Auslandsösterreicher gilt im Gastland als die Verkörperung des ganzen Staates...« Und auch der Bundespräsident ging auf die

Wichtigkeit der Jugendbetreuung ein... »Durch die Geographie getrennt, sind wir geistig mit ihr verbunden, und das wird auch die Jugend begreifen...«
Mit dem Motto, das für dieses denkwürdige Jahr geprägt wurde: »Vergeßt die Heimat nicht, die Heimat gedenkt euer!«, schloß unter lang anhaltendem Beifall der Bundespräsident, dieser liebenswerte höchste Mann in unserem Staat.

Die Ausstellung

Der zweite Höhepunkt des Tages war die Eröffnung der Ausstellung »Das Werk der Österreicher in der Welt«, als Wanderausstellung gedacht, eine eindrucksvolle Schau auslandsösterreichischen Schaffens auf allen Gebieten der Kunst, der Technik, der Wirtschaft u. a., auf Wandtafeln in Bild und Text festgehalten.
Gezeigt wurde sie in Räumen, die internationalen Charakter tragen, nämlich im Völkerkundemuseum in der Wiener Hofburg, und, so führte die Gastgeberin, Frau Professor Etta Becker-Donner aus, dieser Querschnitt des Schaffens der Angehörigen eines einzigen Landes in aller Welt füge sich harmonisch in den Rahmen eines Hauses, das so viele internationale Ausstellungen beherbergt habe. Bundesminister Dr. Piffl-Percevich nahm die Eröffnung vor. Die Ausstellung sei ein zweifaches Fenster, sagte der Minister, ein Fenster nach innen, das heißt, ein längst lebendig gewesenes Bewußtmachen der Leistungen und Bedeutung unserer Landsleute im Ausland; aber gleichzeitig ein Fenster nach außen hin zur Welt. Sie zeigt dieser Welt, daß wir nicht abseits stehen, auf keinem Gebiet, daß wir nicht resignieren vor den wirtchaftlichen und politischen Giganten, sondern daß wir uns in richtiger und realistischer Selbsteinschätzung unseres Beitrags an der Vergangenheit und der Gegenwart dieser Welt voll bewußt sind und nicht erlahmen wollen, zu ihrem Wohl und Fortschritt auch in Zukunft beizutragen...

Ein schwungvolles Bekenntnis zu den Leistungen des Zehnten Bundeslandes und zugleich ein würdiger Abschluß...!
Nun war Professor Holzmeister in seinem Element. Ein Kenner und Könner, ein temperamentvoller Cicerone, führte er von Tafel zu Tafel – es waren 32, jede einem andern Wissensgebiet gewidmet –, wobei er immer wieder betonte, daß dieses hier Gezeigte nur ein Bruchteil dessen sei, was geleistet wird. Die Broschüre, die für diese Ausstellung geschaffen wurde und die ein eindrucksvolles Bild vermittelt, sollte nicht nur in den Vereinen und Ämtern, sondern auch in Schulen kursieren – immer wieder, und in allen Verästelungen wurde auf die Wichtigkeit der Gewinnung der Jugend hingewiesen.
Das also waren die Höhepunkte der Feiern an jenem Maitag, der sich in seinem schönsten Glanz gezeigt hatte, stellvertretend für ein ganzes Jahr.
Es wäre freilich kein österreichisches Fest gewesen, wenn es nicht einen heiteren Ausklang gegeben hätte, und zwar im Garten des Schottenstifts in Nußdorf, wo man in bester Stimmung gleich ein sehr wesentliches Erzeugnis der Heimat erproben konnte: den niederösterreichischen Wein!

Weltweit Freunde

Wie könnte man, die in aller Welt lebenden Österreicher, treffender und liebenswürdiger ansprechen, als mit diesem Slogan.
Der geistige Vater dieses Slogans ist der ehemalige WB-Vizepräsident C. P. Wieland, der im Jahr 1982 für den Weltbund ein Plakat entworfen hat.
Dieses Plakat wurde in allen Botschaften und Konsulaten als Werbung für den Weltbund eingesetzt.
Als Blickfang diente die Abbildung der neuen Mitgliedsausweise mit dem Signet des Weltbundes – eine symbolische Weltkugel auf blauem Grund, die von den Landesfarben rot, weiß, rot umrahmt wird.

Dieses Signet gibt es seit 1982 als elegante Anstecknadel.
Es kennzeichnet die Mitgliederausweise und ist das Herzstück der himmelblauen Fahne des 10. Bundeslandes. Man hat sich schon daran gewöhnt, daß die Fahne des 10. Bundeslandes, als strahlendes Symbol, bei jedem Festakt präsent ist.
Weltweit Freunde soll die Gesinnung der Auslandsösterreicher charakterisieren, die Liebe und Treue zur Heimat. Es ist doch wunderbar zu wissen, daß das Heimatland Österreich in aller Welt tüchtige Söhne und Töchter hat, die sich eng verbunden fühlen und mit Stolz ihr Heimatland vertreten.
Das Land Österreich ist ein kleines Land, doch was Menschen dieses Landes an kulturellen und wissenschaftlichen Leistungen vollbracht haben, hat Weltformat. Der Weltbund der Österreicher im Ausland hat sich mit seinen vielen Mitgliedern in aller Welt die Aufgabe gestellt, durch vorbildliches Verhalten den Ruf der Heimat zu fördern und durch persönliche Leistung die Sympathie der Menschen in den Gastländern zu erwerben.
Der ehemalige Vizepräsident, heute noch Vorstandsmitglied und Präsident der Österreichisch-Bayerischen Gesellschaft, hat das einheitliche Erscheinungsbild des Weltbundes der Österreicher im Ausland prägnant geformt. Dieses große Geschenk an den Weltbund wird als Verpflichtung für alle zukünftigen Aktivitäten angesehen.

Weltbundrat – der verlängerte Arm des Vorstandes

Auslandsösterreicher sind weit verstreut in der Welt, bis in den letzten Winkel der Erde. Sie aufzuspüren und dem Weltbund zuzuführen ist ein schwieriges Unternehmen. Auch wenn der Vorstand des Weltbundes sich aus den verschiedensten Regionen zusammensetzt, so ist es für ihn jedoch unmöglich an alle Auslandsösterreicher heranzukommen. Hier braucht er einen verlängerten Arm, und das sollte der Weltbundrat sein. In Eisenstadt beim Auslandsösterreichertreffen 1984 hat man die

Gründung beschlossen und in den nächsten Jahren die Vorarbeiten zur Konstituierung geschaffen. Es mußten die richtigen Leute gefunden werden, die sich für diese Aufgabe engagieren. 1987 war es dann so weit, daß die konstituierende Sitzung beim Treffen des Weltbundes in Villach stattfinden konnte. Der Vorstand berief als Vorsitzenden des Weltbundrates den derzeitigen Vizepräsidenten des Weltbundes Dr. Jürgen Em. Seine Aufgabe ist es, die Arbeit der Weltbundratsmitglieder zu koordinieren, den Kontakt untereinander herzustellen sowie Anstöße für die Tätigkeit zu geben, die eingehenden Berichte zu sichten und dem Weltbundvorstand die Erfahrungen, Wünsche und Probleme aus den verschiedensten Regionen vorzulegen, damit dieser sie in seiner praktischen Arbeit umsetzen kann.

Der Weltbundrat ist also ein Beirat des Vorstandes, ein beratendes überregionales Organ. Er hat die Aufgabe, Auslandsösterreicher aufzuspüren und Kontakte unter ihnen herzustellen sowie die Gründung von Vereinen zu fördern und diese dem Weltbund zuzuführen. Soweit es in der Möglichkeit des einzelnen Weltbundratsmitgliedes steht, soll er die Interessen von Österreichern im Ausland, vor allem auch in außereuropäischen Ländern, bei den Weltbundtagungen, wenn diese wegen der großen Entfernung nicht selbst anwesend sein können, vertreten. Eine wichtige Aufgabe liegt auch darin, die sozialen und politischen Probleme der Auslandsösterreicher in den verschiedensten Regionen zu erfassen sowie die politischen Vorgänge, die die Auslandsösterreicher betreffen, zu beobachten und zu analysieren. Hauptsächlich sollen die Weltbundratsmitglieder Regionen betreuen, die nicht vornehmlich durch Auslandsösterreichervereine abgedeckt sind. Wegen ihrer teilweise besseren speziellen Kenntnisse vor Ort in ihren Regionen machen sie auch Vorschläge zur Lösung von wirtschaftlich, sozialen und politischen Problemen, entweder schriftlich in ihren Berichten oder bei den Weltbundratsitzungen, die während der Weltbundtagungen stattfinden.

Doch der Weltbundrat ist auch als Instrument gedacht, den Organisationsgrad des Weltbundes durch Mitgliederwerbung

zu erhöhen, sowohl von Vereinen wie auch von Einzelmitgliedern, damit die Stimme der Auslandsösterreicher mehr Gewicht bekommt und ihre Anliegen besser gehört und vertreten werden können.
Für die Zukunft ist es sicher notwendig, die Arbeit weiter zu intensivieren, aber auch noch die Mitgliederzahl des Weltbundrates aufzustocken, damit alle weißen Lücken und Regionen auf der Weltbundlandkarte abgedeckt sind und somit bessere Möglichkeiten der weltweiten Betreuung von Auslandsösterreichern geschaffen werden können sowie unter dem Motto »weltweit Freunde« Menschen zusammengeführt werden, um das »10. Bundesland« zukünftig noch besser vertreten zu können und damit die Arbeit des Weltbundvorstandes für die Auslandsösterreicher wirkungsvoller und praxisnäher gestaltet werden kann. Hier ist dem Vorsitzenden Dr. Em und seinem Team auch weiterhin viel Einsatz und Engagement abzufordern.

Tirol in Südamerika

Peru – Brasilien – Paraguay

Pozuzo in Peru

Eine Österreich-Vereinigung in Peru entstand erst im Jahr 1936, sie nannte sich »Union Austria« und hielt sich unter der Bezeichnung »Austria Libre« auch während des Zweiten Weltkriegs. Aber schon 1853 hatte die peruanische Regierung mit dem aus dem Rheinland stammenden Kuno Damian Freiherr von Schütz zu Holzhausen einen Kolonialvertrag abgeschlossen, der ursprünglich die Besiedlung der Gegend um Tarapota vorsah. Schütz-Holzhausen gilt als Gründer des *Tirolerdorfes Pozuzo*, nach einem der Quellflüsse des Amazonas benannt, wohin er 1859 rund 200 Tiroler und 100 Rheinländer brachte. In kaum vorstellbaren Strapazen hatten die Österreicher und

Deutschen den Weg von der Pazifikküste Perus nach Pozuzo, der 250 km beträgt, in einem insgesamt zweijährigen Fußmarsch bewältigt. Die Bevölkerung ist nicht arm – nach peruanischen Maßen –, sie verfügt aber bis heute noch über keine Straße, und was das in einem endlosen Dorf von 30 Kilometern bedeutet, kann man sich vorstellen. Von den 1500 Einwohnern sprechen noch etwa 500 deutsch – oder sagen wir tirolerisch – und das ist berührend... Die Familiennamen der Einwanderer aus Tirol haben sich bis heute erhalten. Es ist noch gar nicht lange her, etwa zwanzig Jahre, da war dieses in 750 Meter Seehöhe liegende Dorf nur auf Saumpfaden zu erreichen, auf dem Rücken der Esel, genauer gesagt; Bauern, kleine Handwerker sind sie daheim gewesen, und das sind sie in dieser Einöde geblieben. Bürgermeister und »Kulturträger« war der Pfarrer des Ortes; er sprang ein, wo es nötig war, er beriet die Bauern beim Anbau und bei der Ernte, er half beim Ausbau der Pfade – Wege wäre vielleicht schon zuviel gesagt –, aber er hatte noch ganz andere Aufgaben, da es keinen Arzt im Dorf gab. So hielt er in seinen Tagebüchern fest, daß er einem jungen Burschen höchstpersönlich, ohne Skalpell, mit einem scharfen Messer bewaffnet, den Blinddarm operiert und damit das Leben gerettet hatte – ja, der junge Mann hat es überstanden und der Herr Pfarrer auch, dem wahrscheinlich kaum weniger bang war als dem Patienten. Seit Ende 1975 allerdings kann man das Dorf mit einem geländegängigen Fahrzeug erreichen, diese Verbindung ist freilich während der Regenzeit oft wochenlang unpassierbar. Die versprochene Eisenbahn – ein Traum, der nie verwirklicht wurde... Betritt man aber dieses Dorf, dann steht man staunend vor kleinen weiß gekalkten Häusern in Blumenschmuck mit spitzen Giebeln, vor einer Kirche, die trotz der etwas fremdartig wirkenden beiden Türme unverkennbar alpenländisches Gepräge trägt – man ist in Tirol gelandet. Es werden Tiroler Gerichte geboten und typisch gutturales Tiroler-Deutsch gesprochen – noch immer, in der dritten, vierten Generation, rundum von spanischen Landen umgeben.

Und die »Pozuziner« wollen dieses Idiom auch beibehalten.

Deshalb bedeutet das Schulwesen das wichtigste Anliegen. Das Gastland hat Verständnis dafür, immerhin konnten im Lauf der Jahre zwei Schulgebäude errichtet werden; es gilt nun, Lehrer in Lima auszubilden, denn bis vor kurzem erfolgte der Sprachunterricht sporadisch und auf freiwilliger Basis. Und nun gibt es auch schon Lehrer, die aus der Metropole zurückkehrten, um in dem entlegenen Dorf den Deutschunterricht zusätzlich zum normalen Lehrplan zu übernehmen. Ein Lehrer dieser Schule kam in den Sechzigerjahren nach Österreich und nahm an einer Weltbundtagung teil. Was sich insofern gut auswirkte, als ein »Verein der Freunde des Tirolerdorfes Pozuzo« mit Sitz in Wiener Neustadt gegründet wurde, daß Unterrichtsminister Dr. Drimmel dem Ausbau des Schulwesens und Sozialminister Dr. Proksch seine Hilfe zur Verbesserung des Gesundheitswesens zusagten. Und außerdem wurde mit österreichischer Unterstützung ein Kraftwerk in dem Tal gebaut, das für die Kolonie von unschätzbarem Wert ist.

Brasilien – Dreizehnlinden

»Treze Tilias« – »Dreizehnlinden« in Brasilien ist wohl die bekannteste der südamerikanischen Tirolersiedlungen, es wurde in den vergangenen Dezennien öfters darüber berichtet, ja, es ist zu einer Art Legende geworden. Es ist auch das fortschrittlichste, wenn man so sagen darf, denn es wurde von seinem Gründer, Minister Andreas Thaler, nach gründlichen persönlichen Erkundungsfahrten systematisch programmiert, und, soweit dies möglich ist, von österreichischen und brasilianischen Behörden gefördert. Im Jahr 1933 brachte Minister Thaler die ersten 84 Siedler aus Tirol in den brasilianischen Urwald und bald darauf weitere Auswanderer aus Österreich. Es war ein unendlich harter Beginn wie in jedem Kolonialgebiet; Rodungen, primitive Holzhütten, Kampf gegen eine wuchernde Natur und gefährliches Getier; Rückschläge, magere Ernten. Aber der Ruf dieser Enklave im Urwald muß gut gewesen sein,

zu den Österreichern gesellten sich Auswanderer aus anderen deutschen Gebieten und Italiener. Eine Landwirtschaft entwikkelte sich, die sich deutlich von andern Versuchen unterschied, eine bescheidene Viehwirtschaft und kleine Handwerksbetriebe entstanden. Der österreichische Charakter wird, wie Frau Gertraud Schuller, die das Land kürzlich besuchte, berichtete, weitgehend gewahrt. Es gibt einen Kulturverein, eine Volkstanz- und Schuhplattlergruppe – gewiß eine Rarität im brasilianischen Urwald. Deutschunterricht wird vom Kindergarten bis zur 8. Klasse der staatlichen Grundschule geboten sowie in der kleinen privaten Prof.-Karl-Ilg-Stiftung. Und eine weitere Besonderheit: Eine richtige Asphaltstraße führt zum Dorfeingang, wo der Gast durch ein großes Tor, auf Straßenbreite errrichtet, mit einem Spruchband begrüßt wird: »Willkommen in Dreizehnlinden!«

Dorf Tirol/Brasilien

Es ist ein kleines Dorf im Bundesstaat Espirito Santo, 17 km von Santa Leopoldina entfernt, das kürzlich förmlich wiederentdeckt wurde, und zwar von dem Ethnologen Dr. Karl Ilg. Seit Mitte des vorigen Jahrhunderts siedeln dort Tiroler, die Landwirtschaft betreiben, Bohnen, Manjok, Bananen und Gemüse anbauen. Es sind nur 300 Familien, die eine einklassige Schule besitzen, wo neben portugiesisch auch deutsch unterrichtet wird. Seit 16 Jahren wirkt der Kolonist Camillo Thomas als Lehrer in dieser Schule. Auch in Nachbargemeinden leben vereinzelt Tiroler Familien, eine kleine Genossenschaft besteht, die ihre landwirtschaftlichen Erzeugnisse gemeinsam vermarktet.

Paraguay – Carlos Pfannl

Carlos – recte Karl – Pfannl, ein Wiener, gründete vor dem Krieg zwischen den berühmten Wasserfällen das Iguazu und Asunción, der Hauptstadt Paraguays, die Colonie Carlos Pfannl. 25 Familien waren es, die sich in dem abgeschiedenen Hügelland, das stark an das Wald- oder Mühlviertel erinnert, ansiedelten und ihr mühsames Rodungswerk begannen. Auch diese Siedlung ist praktisch nur in der guten Jahreszeit zu erreichen, in den andern Monaten gibt es Sümpfe und Morast bei Regen und Staubwolken bei Trockenheit. Aber auch hier erwies sich der Pioniergeist der Österreicher. Seit langem betreibt man eine florierende Hühnerzucht – es sind »glückliche Hühner«, die frei herumlaufen dürfen! –, Jerba-Tee, Baumwolle und Zuckerrohr werden angebaut, Viehzucht für den Eigenbedarf wird betrieben. In einer sechsklassigen Grundschule gibt es Unterricht in Spanisch und Deutsch; gefördert wird das Dorf von der Deutschen Botschaft in Asunción, vor allem aber helfen sich die Kleinbauern selbst; Hausbau und Landwirtschaft werden gemeinschaftlich und mit Nachbarhilfe betrieben – anders wäre es auch kaum möglich. Heute gilt die Kolonie Carlos Pfannl als »alteingesessen«, als Vorbild für neue Gründungen, so wie die im Jahr 1986 geschaffene kleine österreichische Kolonie, die sich »Tirol« nennt und die in dieser kurzen Zeit bereits bemerkenswerten Aufschwung genommen hat. Dr. Leopoldo Suehsner, unermüdlicher Helfer der österreichischen Siedler in Paraguay, berichtet von einer Feier im Jahr 1988, die, wenn auch in bescheidenem Maßstab, sich durchaus mit einer Landwirtschaftsmesse in der Heimat vergleichen lassen kann. Da wurden der Bevölkerung nützliche Anregungen zur Verbesserung ihrer landwirtschaftlichen und handwerklichen Tätigkeit gegeben, Saatgut für Soja, Weizen und Gras und Nutzvieh angeboten –, 20 blumengeschmückte und mit vieltönigen Glocken behängte Prachtkühe zogen auf – es war ein richtiger Tiroler Almabtrieb. Selbstverständlich gab es auch Musik und Tanz, wobei die Mischung südamerikanischer schwungvoller Tänze mit Tiroler Folklore die von weither gekommenen Gäste begeisterte. Auch hier, so wurde dankbar vermerkt, hatte das Auslandsösterreicherwerk und vor allem das Jugendreferat wertvolle Hilfe geleistet. So hat sich diese kleine Urwaldkolonie in erstaunlicher Schnelligkeit zu einer ansehnlichen Siedlung mit seiner bescheidenen Schule, der hübschen Kirche, seiner Landwirtschaft und *last but not least* den Tiroler Volksfesten entwickelt.

Der Alltag unserer Landsleute im Ausland

Die Auslandsösterreicher, in Vereine geschlossen, sind das Kernstück unserer Organisationen. In den großen Städten, in der Bundesrepublik vor allem, aber auch in den Vereinigten Staaten, bilden sich diese Vereinigungen, manche sind über hundert Jahre alt und in verschiedenen Epochen, unter verschiedenen Regierungen in neuer Form wiedererstanden. Die Interessen aber sind die gleichen geblieben, wenn sie auch in wechselnder Form in Erscheinung treten: Es gibt elitäre Gemeinschaften, die klassische Musik, klassisches Theater, ernste Wissenschaft bevorzugen, wobei aber, wohl zur Entspannung, auch das gesellschaftliche Leben entsprechend abgestimmt wird. Es gibt Vereine, deren Teilnehmer aus ländlichen Gegenden stammen, die Volkskunst und Volksmusik pflegen, und es gibt Verbände, wo man sich einfach zur Unterhaltung trifft, zum Karten- und Kegelspielen oder um über Familie und Beruf zu sprechen. Das Programm der meisten Vereine aber ist eine glückliche Symbiose aller dieser Tätigkeiten.
Jeder Veranstalter eines solchen Treffens weiß, was sein Publikum schätzt und womit er den Bestand der Gemeinschaft sichert. Es gibt alles – es darf nur eines nicht geben: politische Diskussionen. Denn es ist eiserner Grundsatz aller dem Weltbund angeschlossenen Vereine, politisch neutral zu sein, und das schon aus purer Überlebenschance. Fast alle ahmen in ihrem Aufbau die Organisation des Weltbundes nach, es gibt Präsidenten, einen Vorstand, es gibt Rechnungsprüfer und es gibt – natürlich – ein Programm. Daß dieses Programm trotz des einheitlichen Sinns und Zwecks je nach Gegend, nach Art der Mitglieder, nach den jeweiligen Interessen und der Beschaffen-

heit des Gastlandes differiert, ist klar. Unbegrenzte Möglichkeiten der Gestaltung, ungeahnte Sinngebung – ein Grundsatz aber ist allen eigen: die Bindung zur Heimat zu bewahren, zu festigen, gleichgültig, in welchem Teil der Welt sie sich befinden, den Landsmann zu unterstützen, wo es nottut.
Die Tätigkeit, die Interessen, die Leistungen und Wünsche der Auslandsösterreicher sind vor allem ihren Briefen und Artikeln zu entnehmen, die sie selbst an das Auslandsösterreicherwerk, das Generalsekretariat, bzw. an die Zeitschrift richten. Deshalb, wie schon erwähnt, ist die Rubrik »Zehntes Bundesland«, vom Gesandten Dr. Klein redigiert, eine der wichtigsten Bestandteile von ROT-WEISS-ROT.
Aus diesem fast unerschöpflichen Reservoir formen sich unsere Landsleute draußen – aber auch die Inlandsösterreicher – das Bild der Vereine und Kollegen, gewinnen Anregungen zur Gestaltung ihrer Gemeinschaft und festigen das Band zwischen den Ländern, ja, den Erdteilen. Wir lassen sie alle zu Wort kommen mit ihren Leistungen und Problemen, die Nachrichten über Sitzungen, über Verantstaltungen und Feste, Familienfeiern und – Todesfälle.
Die Vereine selbst also berichten. Unser altes Europa soll die ersten Worte sprechen – Amerika folgt – in den übrigen Kontinenten ist der Weltbund ja leider nur dürftig vertreten.

Schweiz-Liechtenstein

Mit der Schweiz soll begonnen werden. Nicht nur, weil unsere Organisation nach dem Schweizer Muster errichtet wurde, sondern auch, weil die Gründung des Weltbundes in der Schweiz stattfand – wir haben es in dieser Schrift gezeigt. Es war anfangs eine Notlösung, da es im besetzten Österreich nicht erlaubt war, eine quasi »internationale« Vereinigung zu schaffen; 1952 dann konnte sich der Weltbund in der Form entwikkeln, wie er heute besteht. Die Schweiz war treu: Fast in allen bedeutenden Städten bildeten sich Österreich-Vereine, sie schlossen sich zu einem Landesverband mit Liechtenstein zusammen – führten aber ihr Eigenleben mit kulturellen, folkloristischen, sportlichen Interessen weiter. Es waren zumeist junge Leute, die erst nach dem Krieg hinausgezogen waren, um in Wirtschaft oder Gewerbe tätig zu sein, und da sie jung waren, heirateten sie dort, Schweizerinnen natürlich. Daß sie trotzdem der alten Heimat verbunden blieben, das beweist schon der *rocher de bronze*, der Schweizer Auslandsösterreicher *Karl Nöst* aus *Zürich*, seit vielen Jahren Präsident des dortigen Vereins, seit 1989 auch im Vorstand des Weltbundes tätig. Wer diesen stets gut gelaunten Mann in seiner Wahlheimat, wer ihn bei seinen Gefährten, dem leider so jung verstorbenen Fritz Hartl oder den Militaria-Sammler Gerhard Hernach traf, wer sein Österreicharchiv sah, wer seine stete Präsenz, wenn es um das Wohl und Wehe der Landsleute geht, erlebte, der weiß, wie unersetzlich er auf seinem Posten ist. Eine feste Gemeinschaft steht ihm zur Seite, und man wird sich kaum einer Weltbundtagung entsinnen, wo er nicht mit seiner Gruppe mitmischte. Ein ganz großes Ereignis ist der Österreichball im Kongreßhaus Zürich mit seinen weit über tausend Gästen, der in einem der prächtigsten Gebäude der Stadt stattfindet und alles vereint, was Rang und Namen besitzt.

Basel ist ein weiterer Drehpunkt der Schweiz, auch der – frühere – Präsident dieses Vereins, *Dipl. Ing. Hermann Wagner*, wie sein Nachfolger *Robert Jungmaier* lassen alle Facetten der Vereinigung spielen, Kunstfahrten, Wanderungen in die nähere und weitere Umgebung bis nach Elsaß; stimmungsvolle Weihnachtsfeiern und Empfänge zum Nationalfeiertag und natürlich den Ball, der einen Vorzugsplatz im Faschingskalender der Stadt am Rhein darstellt. Daß der schwungvolle Neuerer Hermann Wagner, der einige Jahre im Vorstand des Weltbundes und Vizepräsident war, seine Wahlheimat besonders schätzt, das beweisen die regelmäßigen Altstadtführungen durch Basel, die er vornahm, zur Freude der Österreicher und der Ansässigen.

Und dann gibt es den Verein in *Genf*, nicht sehr mitgliederstark, aber ehemals geprägt von einer unvergeßlichen Persönlichkeit,

Professor Friedrich Liebstöckl, dem Sohn des legendären »Wiener-Journal«-Redakteurs, der die Klavier- und Orgel-Concours leitete und pflegte, eine Institution von Weltruf, wo sich auch das Klavierwunder Friedrich Gulda als blutjunger Kandidat seine ersten Sporen gewann. Die Sängerin Rose-Marie Jung, die Gattin Professor Liebstöckls, hat mit ihren Wiener Liedern so manche Tagung verschönt. Heute leitet *Ernest Kaufmann*, der auch Mitglied des Weltbundvorstandes ist, den Verein; er hat ein besonderes Nahverhältnis zu seiner Wahlheimat und ihren Behörden – so durchforschte er alte Archive und brachte lang zurückliegende Ereignisse ans Tageslicht, Konflikte, die er einvernehmlich auf elegante Weise zu lösen verstand.
Die östlichen Schweizer Vereine wie *Arbon* oder *St. Gallen* fühlen sich als »Alemannen« begreiflicherweise unserem westlichen Bundesland, Vorarlberg, am engsten verbunden. Und da sie junge Leute sind und außerdem Gebirgler, so ergibt es sich ganz von selbst, daß nicht nur Ausflüge und Fahrten nach Vorarlberg auf der Tagesordnung stehen, sondern daß auch der Sport, vor allem der Skisport, ein gewichtiges Wort mitzureden hat. Laterns wurde zum bevorzugten Standort, sogar ein Klubhaus konnte dort gegründet werden, und die Skiwettbewerbe, die regelmäßig stattfanden, hatten beachtliche Erfolge. Landsleute, nicht nur aus der Schweiz, sondern auch aus der Bundesrepublik, nahmen daran teil; die schönen Pokale wurden von in- und ausländischen Stellen gespendet.
Auch die Hauptstadt *Bern* besaß einen Österreich-Verein, und dies seit dem Jahr 1946; er wurde nun nach langer Ruhepause wieder unter der Führung *Karl Jaborniggs* aktiviert. Erfreulich ist die Tätigkeit kleinerer Gruppen in Städten wie Chur, Interlaken, Lausanne, Luzern, Schaffhausen und Lugano; eigens muß *Uster* unter Sepp Mailänder, gefolgt von Hans Peter Semnoner genannt werden, ebenso wie der Verein in *Thun* mit seiner vorbildlich rührigen Präsidentin Frau *Hilde Dellenbach*, die nicht müde wird, Österreicher und Österreichfreunde in weitem Umkreis aufzuspüren und für Vereine zu gewinnen. So fanden sich Gruppen in *Bassersdorf, Freiburg, Mühlau*, die

kulturelle Veranstaltungen ebenso wie familiäre Treffen oder »Hüttenfeste« bieten; sie alle sind, ebenso wie die vorher genannten, in den Landesverband aufgenommen. Weit bekannt ist der Verein in *St. Gallen*, dessen früherer Präsident Reinhold Rieger zum Komtur für Liechtenstein des Ordens »Cordon bleu de Saint Esprit« ernannt wurde. Doch auch die Bälle dieses Vereins darf man nicht vergessen: fast 400 Personen aus allen Kantonen konnte man an solchen Abendessen begrüßen und bei den Wettbewerben 19 Pokale vergeben.
Liechtenstein, das Nachbarland, pflegte besonders engen Kontakt mit den Österreich-Vereinen. Der Österreich-Verein *Vaduz* steht in inniger Verbindung mit dem Fürstenhaus Liechtenstein; an den Empfängen zum Nationalfeiertag nehmen nicht nur die Fürstlichkeiten, sondern auch die hohe Geistlichkeit des Landes teil. Die gegenseitigen Besuche Vaduz-Feldkirch wurden durch volkstümliche Feste, aber auch durch Dichterlesungen, durch Vorträge und Konzerte verschönt – und der Galaball des Vereins in Vaduz gehörte, wie bei vielen andern Österreich-Vereinen, zu den aufwendigsten Veranstaltungen des Landes.

Belgien

Johann von Vranyczany-Dobrinovic hieß der Präsident der Österreichischen Vereinigung in *Brüssel* und gab so dem praktisch zweisprachigen Land – von Flamen und Wallonen bewohnt – einen vertraut klingenden altösterreichischen Namen hinzu. Seine Vorgänger waren Altpräsident Mencik de Zabinsky, dann viele Jahre lang Ing. Paul Fischer und Giselbert Schmidtburg. Präsident Vranyczany führte ihr Programm fort mit Österreichfilmen, Weinlesefesten und dem traditionellen »Wiener Ball«, auf dem Hunderte Gäste gezählt wurden. Besondere Attraktionen bildeten die Veranstaltungen im Jahr der Europalia, die trotz der mächtigen internationalen Konkurrenz beliebt und überaus besucht waren; Wiener Atmosphäre verbreitete das »Heimatliche Konzertcafé«. Die Abende österreichischer Vortragender finden nicht nur in Brüssel, sondern auch in Antwerpen statt; das »Bunte Programm« zeigte Österreich aus besonderen Blickpunkten und reizte zu Fahrten und Urlaubsaufenthalten. Erst 1990 änderte man die strengen Statuten; nun konnten auch Altösterreicher ordentliche Mitglieder werden – das war wohl einer Anregung des Präsidenten zu verdanken. Als Nachfolgr Vranyczanys bestellte man wieder Giselbert Schmidtburg, denn der Präsident erhielt eine ebenso hohe wie ehrenhafte Berufung: die neu gebildete kroatische Regierung lud ihn als ersten Minister für Tourismus zur Mitarbeit ein. Während des serbisch-kroatischen Konflikts kehrte Vranyczany nach Brüssel zurück und nahm eine Vermittlerstellung zwischen Kroaten und der EG an. Nach Ende des Bürgerkriegs soll er als erster Botschafter Kroatiens in der EG akkreditiert werden. Somit hat wieder ein Österreicher im Ausland höchste Stufen erklommen.

Bundesrepublik Deutschland

Die meisten und mitgliederstärksten Vereine befinden sich begreiflicherweise in Deutschland. Es ist überflüssig, auf die Gründe hinzuweisen, sie liegen auf der Hand: die gemeinsame Sprache, die zahlreichen verwandtschaftlichen Beziehungen, die geographische Nähe – alles das spielt eine Rolle. Unabhängig von Größe und Bedeutung sollen die Vereine Deutschlands hier alphabetisch vorgestellt werden.

Augsburg
Ein zahlenmäßig kleinerer, aber durch eine straffe Führung besonders tätiger Verein. Präsident *Gerhard Hofbauer*, gestützt auf ein tüchtiges Team, ist es, der die Zügel fest in Händen hält. Interessant ist die Vorgeschichte dieser österreichischen »Enklave«, die der Präsident in einer ausführlichen Denkschrift festgehalten hat: schon im Jahr 1880 gab es einen von den

offiziellen Stellen genehmigten Zusammenschluß der in Augsburg lebenden Österreicher; sie verpflichteten sich nicht nur zur gegenseitigen Hilfeleistung, sondern erstellten auch ein kulturelles Programm. Daß man von Wien aus diese Bestrebungen wohlwollend betrachtete, beweist eine bemerkenswerte Erwähnung in einer Festrede des Vorstandes, der »dem österreichischen Kaiser Franz Joseph für die wiederholt angetane Unterstützung« dankt, worauf »ein dreifaches Hoch auf die Majestät folgte...«
Es würde den Rahmen dieses Berichts sprengen, wollte man die Geschichte der Vereinigung detailliert erzählen; ihre Prinzipien blieben trotz verschiedener Bezeichnungen die gleichen bis heute. Eine Begebenheit aber wollen wir einflechten: Am 8. April 1921 hielt ein Finanzrat aus Wien namens Dr. Stepan einen Vortrag vor den Augsburger Österreichern, in dem er mit bewegten Worten die »teilweise Zuteilung des östlichen Gebietes Westungarns an Österreich den einzigen Lichtblick im Friedensvertrag von Saint-Germain« nennt... Und jetzt feiern wir jenen Tag zum siebzigsten Mal mit dieser Festschrift! Am 15. Jänner 1965 hob man den *»Österreicher-Club Augsburg«* aus der Taufe, nachdem er bereits im Oktober 1957 als »Zweigverein« der Österreichischen Gesellschaft in München gegründet worden war. Schon in seiner früheren Form hatte er ein reiches, ausgewogenes kulturelles Programm geboten, Persönlichkeiten aus Österreich und der Wahlheimat zu Vorträgen und Festen geladen; dies setzte er selbstverständlich in verstärktem Maß fort. Niemals brauchte er die Konkurrenz der Metropolen München oder Stuttgart zu fürchten, die doch so nahe liegen. Gemeinsame Fahrten, Besuche bei andern Vereinen, ein Bildungs- und Unterhaltungsprogramm – alles wird gebracht. Viele Jahre hat Präsident Gerhard Hofbauer, der unermüdliche Photograph, mit seinen ausgezeichneten Dias nicht nur seine eigenen Leute, sondern auch die andern Teilnehmer an den Versammlungen erfreut. Man darf es ohne Übertreibung sagen: Der Österreicher-Club Augsburg mit seinem Team – einer seiner Vorstandsmitglieder, Dr. Ferdinand Jurda, wirkt

auch im Vorstand des Weltbundes mit – ist ein Bestandteil des Weltbundes, der einfach nicht wegzudenken ist. Und er ist die ureigene Schöpfung Gerhard Hofbauers.

Berlin

Berlin, die größte Stadt der Bundesrepublik, deren Dynamik und Tapferkeit trotz der schweren Schicksalsschläge ungebrochen blieb, ist auch Heimstatt eines der bedeutendsten, aktivsten Österreich-Vereine Deutschlands geblieben. Genaugenommen sind es zwei Vereine, denn eine Gruppe hat sich zum *Austria-Club* unter der Leitung Dr. Hubert Hötzls zusammengeschlossen, dem auch Professor Architekt Franz Heinrich Sobotka angehörte, er baute später das Österreichhaus in Berlin und war zwei Jahre Präsident des Weltbundes. Der Verein aber, der die engere, um nicht zu sagen menschlichere Beziehung zum Weltbund hat, das ist der 1940 gegründete *Verein der Österreicher in Berlin*, der bei jeder Tagung mit einer der stärksten Abordnungen auftritt, der seit Jahren ein monatliches Mitteilungsblatt herausgibt, der wöchentliche Treffen und ein Programm hat, das sich sehen lassen kann. Viele Jahre hat er wie die meisten Österreich-Vereine, denen die Unterstützung hilfsbedürftiger Landsleute am Herzen liegt, die Mitbürger jenseits der Mauer betreut, wo keine Vereine geschlossen werden durften und ihre enge Verbindung mit der Heimat wachgehalten. So schrieb schon im Jahr 1951 der damalige Präsident *Gustav Schrenzer* einen ergreifenden Artikel über die Treue zur Heimat, in dem er dankbar von der Hilfe des österreichischen Roten Kreuzes berichtet, das mit den Berliner Österreichern Kinder nach Österreich geladen hatte. Dem Präsidenten Schrenzer folgte Kapellmeister *Fritz Schall*, der auf seinen Tourneen musikalisch für seinen Verein und damit für Österreich warb. Sein Nachfolger wurde 1972 der unverwüstliche Kärtner *Heinrich Purchala*, der zu allen offiziellen Veranstaltungen der Stadt geladen ist und der seinerseits die österreichische Prominenz, die Berlin besucht, zu seinen Abenden bat. Und diese Abende haben eine Spannweite vom kulturellen Programm bis zum

Heurigen; es gibt Seniorengruppen und Kinderfeste, es wird Schach gespielt und gekegelt – kurz, für jeden etwas. Es gibt aber auch gemeinsame Fahrten und Besuche zu andern Österreich-Vereinen oder in die alte Heimat, würdige Empfänge zum Nationalfeiertag im Kreis hoher politischer Stellen; und der große Österreichball im Hotel Hilton zählt zu den glanzvollsten der Stadt Berlin. Daß Heinrich Purchala Patenschaften mit österreichischen Orten einging, daß er vor allem mit seinem geliebten Heimatland Kärnten aufs engste verbunden ist, bewies die unvergeßliche Feier im Dorf Passering, das sich mit dem großen Berlin verbrüderte und dessen Vertreter mit ihrer Musikgruppe dann auch nach Berlin eingeladen wurden, wo sie, wenn auch anders geartete, aber sicher ebenso unauslöschliche Eindrücke gewannen... Heinrich Purchala, vom ehemaligen Landeshauptmann Wagner liebevoll »Karawankenbär« genannt, verließ auf ausdrücklichen eigenen Wunsch den Weltbundvorstand, behielt aber die Präsidentschaft in seinem Berliner Verein. Auch im Weltbund wird seine »Pension« nicht ganz ruhig ausfallen, und dies hat das langjährige Vorstandsmitglied auch zugesagt: Er wird den schon zur Gewohnheit gewordenen heiteren Schlußpunkt hinter die Weltbundtagungen weiterhin setzen, dieses zwanglose Zusammensein in einem sorgfältig ausgesuchten Lokal mit gutem Wein und natürlich mit viel Musik – wäre er Kärntner, wenn er nicht Musikfreund wäre? *Werner Götz*, seit Jahren Mitglied des Weltbundvorstandes, vertritt nun Berlin im Weltbund als Vizepräsident. Und auch er hat den festen Willen und alle Fähigkeiten, den angesehenen, festfreudigen und für den Weltbund wesentlichen Verein weiter in festen Händen zu halten und im Sinn Heinrich Purchalas weiterzuführen – Berlin bleibt doch Berlin!

Bonn

Bonn, die kleine, aber in Nachkriegsdeutschland so wichtige Stadt, ist auch Sitz der Residenz des österreichischen Botschafters. Gerade deshalb war es vielleicht nicht so einfach, einen Österreich-Verein aufzustellen; die Österreicher, die in dieser schönen Stadt am Rhein lebten, wurden eben von der Botschaft betreut. Trotzdem gelang es dem tüchtigen *Dr. Jürgen Em*, seine Landsleute zu sammeln und im Jahr 1985 aus Anlaß des 30-jährigen Bestehens des österreichischen Staatsvertrages einen Verein mit derzeit 200 Mitgliedern zu schaffen, der stets in besten Beziehungen zu den Bonner Behörden stand. Besonders aktiv wurde der Verein zur 2000-Jahr-Feier der Stadt Bonn, wo Dr. Jürgen Em mit der Gesellschaft nicht nur an den offiziellen Festlichkeiten teilnahm, sondern auch ein aufwendiges eigenes Programm bot, dessen Höhepunkt wohl das Konzert von »Jung-Wien« unter Leitung von Professor Track war. Und als sich Dr. Em zum Risiko eines großen Balles unter dem Motto »Wien grüßt Bonn« entschloß, war der Ruf seines Vereins bereits so weit gediehen, daß der Bürgermeister Wiens, Dr. Zilk, als Gast erschien, ebenso der Oberbürgermeister der Stadt Bonn, Dr. Daniels; und Norbert Pawlicky leitete das Orchester. Im übrigen ging der Ball, der in einem würdigen Rahmen, in einem von einem Sohn Maria Theresias erbauten Palais, der »Redoute«, stattfand, als »Ereignis der Saison« in die Annalen der Stadt ein. Schauspieler des Burgtheaters wie Alexander Trojan wurden zu Vorträgen eingeladen, man gedachte ebenso des 70. Todestages der Schriftstellerin Marie von Ebner-Eschenbach, wie der Jubiläen von Künstlern wie Mozart, Stefan Zweig, Robert Musil und anderer. Besonders wird die bildende Kunst gepflegt, so hält man auch Klubabende in einer schönen, renommierten, einer Österreicherin gehörenden Galerie am Rheinufer ab. Kunstausflüge sowohl auf die Museumsinsel Hombroich, wie in die Ateliers zeitgenössischer Künstler finden statt. Zum Programm, das mindest zwei Veranstaltungen im Monat vorsieht, wovon eine ein zwangloser Stammtisch ist, gehören durch die Gesellschaft organisierte Konzerte, Dichterlesungen, Ausstellungen, der Besuch verschiedener kultureller Veranstaltungen, aber auch die Organisation von Ausstellungen mit Kunstdarbietungen aus den eigenen Reihen, um schlummernde Talente zu fördern. Auch Sport, Wanderungen und geselliges Beisammensein beim Heurigen finden großen Anklang. Höhepunkt des

Vereinsjahrs ist die traditionelle Weihnachtsfeier, bei der die Kinder reichhaltig beschenkt, Weihnachtslieder gesungen, aber auch Krippenspiele durch die Kinder aufgeführt werden. Und wer den jungen, vielseitigen Präsidenten des Vereins, Dr. Jürgen Em, beim herzhaften Gesang unter seinen Leuten hört, der wundert sich, daß er ein so ernsthaftes Studium betrieben hat und nicht zu einer Sängergilde gegangen ist. Seit Jahren ist er Vorstandsmitglied des Weltbundes, seit 1989 Vizepräsident. In einem regelmäßig erscheinenden Mitteilungsblatt, der »Postille«, wird neben allgemeinen Meldungen das Programm dieses Vereins bekanntgegeben, eines jungen Vereins, eines Vereins mit viel Zukunft.
Es hat nichts mit dem Bonner Verein zu tun, ist aber doch eine Erwähnung wert: Nicht weit davon, in Kaub am Rhein, gibt es die einzige »österreichische Burg« des Landes. Besitzer ist Rudolf Robert Kress, der die alte Burganlage – Philippinenburg hieß sie – aus dem Jahr 1324 erstand und sanierte. Sie besteht aus einem Torkastell mit unterirdischem Gang und sperrte einst die Straße von dem Hinterland zum Rhein ab. Unter größten finanziellen Opfern setzte Kress einen Trakt instand, die Burg trägt als einzige Wehranlage am Rhein die rot-weiß-rote Fahne – ein Stückchen österreichischer Heimatboden.

Düsseldorf
Die Hauptstadt Nordrhein-Westfalens, die lebendige Großstadt, zog vor allem Künstler und Techniker an. Von Senator Dr. Hubert Petschnigg, dem bedeutenden Architekten und Denkmalpfleger, wurde in dieser Schrift schon berichtet und ebenso von Professor Architekt Franz Heinrich Sobotka, der zwar in Berlin lebte, aber auch hier in Düsseldorf bedeutende Bauten schuf. Mit dem Theater Düsseldorfs ist Wien eng verbunden. Die *Österreichische Gesellschaft* wurde von *Architekt Dr. Peter Riemer* bereits 1952 gegründet und bot ein reichhaltiges Programm, zehn Veranstaltungen im Jahr. Und diese waren, den prominenten Mitgliedern entsprechend, elitär und weit bekannt, Gesellschaftsabende, Jagddinners und ähnliches; und

schon im Jahr 1972 galt der große Ball, für den der österreichische Botschafter die Schirmherrschaft übernommen hatte, als ein berühmtes Fest. Es gab Ausstellungen und Modeschauen – auch österreichische Trachten wurden vorgeführt – und es gab Schiff- und Busausflüge für die Mitglieder und ihre Freunde im Rheintal und in den umliegenden Gegenden. Der plötzliche Tod Peter Riemers war ein schwerer Verlust für die Gesellschaft; Dr. Riemer war ein Mann voll Ideen und Energie gewesen, bei allen Weltbundtagungen anwesend, Jahre hindurch im Vorstand. Nach ihm stagnierte der Verein, wie es so oft der Fall bei Vereinen ist, die einen dynamischen Lenker unvermutet verlieren. Im Jahr 1989 aber trat der Verein wieder dem Weltbund bei, *Ing. Arno Feierle* zeichnete als Präsident, und nun gibt es wieder eine Vielzahl von Veranstaltungen aus den Bereichen Wirtschaft und Freizeit; das Mozartjahr wurde gefeiert, regelmäßige Zusammenkünfte finden statt, und die Weihnachtsfeste, die das Vorstandsmitglied Frau Rievel dreißig Jahre lang betreut hatte, werden wieder im großen Stil abgehalten. Die Gewinne aus der Tombola fließen wohltätigen Zwecken zu. Ein Verein im Aufwind, mit über 250 Mitgliedern, der das Erbe des unvergessenen Doktor Riemer aufs beste pflegt und derzeit vom Präsidenten Dipl. Ing. Hanns Feichtner geführt wird.

Frankfurt am Main
Die Stadt mit dem größten Flughafen Europas, die Stadt mit den meisten Hochhäusern der Bundesrepublik, die Stadt mit dem irrsinnigsten Verkehr – so mußte auch die *Österreichische Gesellschaft* in Frankfurt nach Superlativen streben. Sie besteht seit 1952, ihr erster Präsident, Herr Tischler, leitete eine Fremdenverkehrsstelle, durch die es ihm gelang, den Touristenstrom Frankfurt-Österreich zu vervielfachen. Ihm folgte sein Vizepräsident *Franz Ambichl*, der die Gesellschaft mit der gleichen Verve leitete; nach ihm (1986) war es *Robert Orehek* mit seiner charmanten Frau, der die Generallinie beibehielt. Dazu gehörte u. a. die Mitwirkung bei der Frankfurter Buchmesse, wo die Gesellschaft für ein anspruchsvolles Rahmenpro-

gramm sorgte und das Buffet sponserte. Zum Nationalfeiertag konnte der Präsident über 200 Gäste im vornehmen Steigenberger Hotel begrüßen, darunter den Bürgermeister der Stadt Frankfurt und Musikdirektor Professor Track. Und als Unterhaltungsprogramm gab es außer dem Trachtenverein Enzian, Musikdarbietungen der »Airport-Schrammeln« – wohl eine originelle Namensverbindung zwischen modernster Aeronautik und Wiener Heurigenseligkeit... Eine ständige Einrichtung der Gesellschaft sind die »Burgfahrten« und die Reisen in die gesegneten Weingegenden des Rheinlandes, was freilich die Heurigenabende in Frankfurt selbst nicht ausschließt. Selbstverständlich wird auch der Kinder gedacht: bei Nikolo- und Weihnachtsfeiern, aber auch bei Ausflügen ins Safariland und beim Puppentheater. Auch der regelmäßig abgehaltene Frühlingsball gehört zu den beliebten gesellschaftlichen Festen der großen Stadt, an dem die Vertreter des öffentlichen Lebens teilnehmen. Eine Szene, die es in keinem anderen Österreich-Verein gab, soll festgehalten werden: Am Frühjahrsball 1988, der unter dem Motto »Tirol grüßt Frankfurt« stand, pflanzte Präsident Orehek mit Konsul Daus um Mitternacht eine »Freundschaftskiefer« aus dem Stubaital zum Zeichen der Verbundenheit mit der Heimat... Im Jahr 1991 trat der Präsident, der das Bild der Gesellschaft wie seine Vorgänger geprägt hatte, zurück, ebenso wie er die Mitgliedschaft im Weltbundvorstand niederlegte. Sein Nachfolger Präsident Hans Eder führt die Gesellschaft in der lebendigen, modernen Großstadt weiter.

Hamburg

Die Stadt im Norden, die stolze Hansastadt, ist sich ihrer Stellung als »Tor zur Welt« wohl bewußt. Und gerade deshalb bereit, Fremde in ihren Mauern aufzunehmen, die wie sie, Anstand wahren – eine Aufnahme mit Distanz, aber immer fair. Wertvolle Kräfte, und seien sie in Temperament und Lebensauffassung auch noch so verschieden, sind in der tätigen Stadt stets willkommen – und so konnte auch der *Österreicher-Verein* in Hamburg mit seinem Gastland sein hundertjähriges

Jubiläum in allen Ehren feiern. Der Präsident *Dr. Dieter Leibetseder*, der nach der Rückkehr seines Vorgängers *Dipl. Ing. Alban v. Vigelius* in die steirische Heimat, den Verein übernommen hat, gab mit dem Schriftführer Karl Grund eine informative Broschüre über diese hundert Jahre heraus. Bundeskanzler Dr. Franz Vranitzky und Außenminister Dr. Alois Mock schrieben Grußworte aus diesem Anlaß, und der österreichische Botschafter Dr. Friedrich Bauer ein Geleitwort, dem die berühmte Rede aus Grillparzers »König Ottokars Glück und Ende« folgt: »Es ist ein gutes Land...« Die Denkschrift berichtet von den Ursprüngen des Vereins, dem »Österreichisch-Ungarischen-Verein«, dem »Österreichischen Hilfsverein«, dem »Verein der Österreicher und Ungarn in Hamburg«, bis es im Jahr 1927 zum Österreichischen Hilfsverein in Hamburg kam. Nach einem Zwischenspiel 1946–48, als die Besatzungsbehörden keine Vereinsgründung zuließen, und einem neuerlichen »Hilfsverein« trat schließlich der heutige »Verein der Österreicher« auf den Plan. Dipl. Ing. Alban v. Vigelius, nach Dipl. Ing. Franz Müllner sechzehn Jahre lang Präsident des Vereins, war es vor allem, der die Daten aus den Archiven suchte und damit die repräsentative »Biographie« des Vereins ermöglichte.

Die Veranstaltungen der Gesellschaft sind vielfältig und, obwohl sie nicht zu den mitgliedstärksten zählt, abwechslungsreich und stets gut besucht; beliebt vor allem sind die Barkassenfahrten, die Fahrten auf dem Segelschiff Passat in Travemünde und auf dem Raddampfer, aber auch die Landausflüge und die Besuche anderer Österreicher-Vereine. Ein reger Vortragsdienst informiert über die Geschehnisse daheim und in der Wahlheimat; durchschnittlich findet allmonatlich eine Veranstaltung statt. Höhepunkt ist auch hier der Empfang zum Nationalfeiertag, der mit dem Generalkonsulat und der Handelskammer gegeben wird. Sehr bedauert wird allseits das Ausscheiden Dipl. Ing. Alban v. Vigelius – er hat sich allerdings ein besonders wertvolles Erinnerungsstück an seine lange Hamburger Zeit mitgenommen: seine Gattin Regine. Als kooptiert in

den Weltbundvorstand wird er weiter für die Auslandsösterreicher werben und wirken.
Seit 1984 besteht noch ein zweiter Österreicher-Verein in Hamburg, der den Namen »Kärntner Österreicher-Club in Norddeutschland« führt und von Präsident Willi Stark geleitet wird. Er pflegt vor allem ein volkstümliches und sportliches Programm.

Hannover
Zwei *Österreich-Vereine* gibt es in Hannover, der eine 1983 gegründet, wurde von Charlotte Urbaschek und nach ihrem Rücktritt von Dipl. Ing. Helfried Arnetzl geleitet. Das Vereinsleben ist vorwiegend geselliger Art, Stammtisch, Kegeln, Krampusabend, Adventfeier, Wanderungen und Vorträge. 36 % der Mitglieder sind Deutsche, meist Ehegatten von Österreichern, 25 % stammen aus der Steiermark, 13 % aus Wien, der Rest verteilt sich auf die übrigen Bundesländer. Der andere Verein, der schon seit 1964 besteht, trägt den Namen *Österreichisch-Deutsche-Gesellschaft in Niedersachsen*. Als Präsident fungierte bis 1989 Univ. Prof. Dr. Erich Lorenzoni, Betriebswirt Sepp Wellensohn wurde sein Nachfolger. Die Aktivitäten bestehen vornehmlich in Vorträgen, z. T. gemeinsam mit anderen Vereinen; Besichtigungsfahrten führten in die Marienburg und das Fürstenhaus Herrenhausen sowie zu Ausstellungen österreichischer Künstler in Galerien Hannovers. Zum zwanzigjährigen Jubiläum der Gesellschaft erschienen die Vertreter fast aller bilateralen internationalen Gesellschaften sowie der Bürgermeister und mehrere Landtagsabgeordnete. Den Festvortrag hielt Pater Buonaventura, der Guardian der Österreichischen Franziskaner aus Salzburg. Ein Verein, der hohes Ansehen im Land Niedersachsen genießt.

Kempten/Allgäu
Der *Österreicher-Verein Kempten* unter Präsident *Rudolf Völk* zählt nicht zu den großen Vereinen, wohl aber zu den ältesten:

Im Jahr 1989 konnte er sein hundertjähriges Bestehen feiern. Die kleine Gruppe widmet sich vor allem der Pflege österreichischer Gedenkstätten; so wurde im Jahr 1987 unter großer Teilnahme von Landsleuten und Angehörigen des Gastlandes eine eindrucksvolle Gedenkstunde an dem »Vorarlberger Grab« in Adelharz begangen, zu der Abordnungen mit 21 Fahnen erschienen und eine Feldmesse zelebriert wurde, um der gefallenen Österreicher zu gedenken, die vor über hundert Jahren dort ihr Leben gelassen hatten. Ein »Ehrenmal dauernden Friedens« soll das Denkmal bedeuten. Daß die kleine Gruppe mit Landsleuten anderer Vereine des schwäbischen Raums in ständiger und guter Beziehung steht, ergibt sich von selbst.

München

Vom kleinsten Verein der Bundesrepublik zu einem der größten oder dem größten im Ausland überhaupt: der *Österreichisch-Bayerischen Gesellschaft* in *München*, die unter der Leitung des Präsidenten *Carl Paul Wieland* steht. Sie wurde im April 1955 gegründet, erster Präsident war Staatsopernsänger Josef Knapp. Seit damals lebt die Gesellschaft treu ihren Satzungen, die in der Gründungsurkunde ihre Aufgaben definiert: die Vereinigung der in Bayern lebenden Österreicher und Förderung der ideellen, materiellen und rechtlichen Beziehungen zur Heimat; die Pflege des Gedankenaustauschs zwischen in Bayern lebenden Österreichern und den Bayern, die Freunde Österreichs sind, und schließlich die Beratung und Hilfeleistung dauernd in Bayern ansässiger Landsleute.

Es sind dies die Grundsätze, die im wesentlichen jeder Österreich-Verein befolgt; hier aber haben wir es mit einer besonders starken Gruppe zu tun, die ein gewichtiges Wort in ihrer Wahlheimat mitzureden und einen gewaltigen Personenkreis zu betreuen hat. Die Präsidenten – nach Josef Knapp war es der unvergessene, so plötzlich verstorbene Senator Ing. Eduard Ergens (1970–1980), die Seele der Gemeinschaft – und nach ihm der jetzige Präsident Carl Paul Wieland, der auch als Vizepräsident des Weltbundes wirkte – stellten denn auch ein Programm zusammen, das alle Facetten aufweist: Kulturelles, Wirtschaftliches, Heimatbezogenes, medizinische und schöngeistige Vortragsthemen ebenso wie gehobene Unterhaltung. Große Empfänge anläßlich des Nationalfeiertags oder Besuche österreichischer Politiker sind immer ein beliebter Treffpunkt und runden die Programmvielfalt ab. Aber auch diverse Reisen und Tagesausflüge, ob nach Österreich oder innerhalb Bayerns, mit Liebe und Sorgfalt vorbereitet, sind jeweils kulturelle Bereicherungen für die Teilnehmer. Kurz: Ob das Beisammensein im Biergarten im Sommer, ob das Martiniessen im Herbst, ob die stilvollen Adventfeiern kurz vor Weihnachten – das Programm bietet für jeden etwas. Höhepunkt ist auch hier der Ball der Österreicher im Bayerischen Hof, der seit langem zu den elegantesten Veranstaltungen des Münchner Faschings gehört. Ziele der Gesellschaft sind nicht zuletzt auch die guten Beziehungen zu allen bayerischen Politikern, den diplomatischen Auslandsvertretungen und der bayerischen Wirtschaft. Unabhängig von tagespolitischen Ereignissen ist die Gesellschaft um die Verständigung zwischen Österreich und Bayern bemüht, und Österreich ist – das darf ohne Übertreibung gesagt werden – ein verläßlicher und hochangesehener Partner der europäischen Staatengemeinschaft. »Weltweit Freunde!«, so lautet der Slogan des Weltbundes, und es ist kein Zufall, daß ihn Präsident Carl Paul Wieland geprägt hat, ebenso, wie er das neue Signet des Weltbundes, die neue Fahne kreierte, wodurch er ein neues Image des Weltbundes schuf.

Nürnberg

Er ist ein fröhlicher Verein, dieser Verein der Österreicher in Nürnberg, wenn man ein so unernstes Wort für einen so ernsthaften Begriff wie einen Verein gebrauchen darf. Aber der Präsident *Josef Heckmann* wird ihn verzeihen; er trägt selbst so wesentlich zur Stimmung der Heimatabende bei, er singt Wiener Lieder und organisiert vergnügte Reisen, daß er das Epitheton »fröhlich« dulden wird. Die schöne Stadt Nürnberg, jetzt wieder »in Deutschlands Mitte«, hat eine eigene Atmosphäre, in die das Team Heckmanns wunderbar hineinpaßt, was auch dadurch bestätigt wird, daß es regelmäßig Stadtführungen vornimmt, um seinen Mitgliedern diese Reize nahezubringen. Advent- und Weihnachtsfeiern werden würdig begangen, Kinder beschert und befreundete Vereine besucht. Am berühmten Nürnberger Volksfestumzug 1981 nahm der Verein mit einem vielbewunderten Haflingergespann teil; und daß einer der Tanzabende unter dem Motto »Mit Musik geht alles besser« stattfand, war bestimmt ein Einfall Josef Heckmanns. Und bezeichnend auch, daß der Verein dreißig Rebstöcke in Grinzing erstand und daß seine Frühlings- und Herbstausflüge so heiter endeten, wie sie begonnen haben. Der Nürnberger Verein macht den Weltbund um eine liebenswerte Nuance reicher.

Stuttgart

Der *Verein der Auslandsösterreicher in Baden-Württemberg* entspricht der Bedeutung des Gastlandes. Die Stadt Stuttgart, die sich trotz der international wirtschaftlichen Bedeutung und der gewaltigen Industrieanlagen das Bild einer »Stadt im Grünen« bewahrt hat, mit ihren Hügeln, den zahllosen Gärten und Villen, ist Sitz des Österreich-Vereins, der 1954 im Hotel am Schloßgarten von Rechtsanwalt Graf Dr. Karl Demblin de Ville, dem späteren Präsidenten des Weltbundes, gegründet wurde. Ihm folgte *Dipl. Ing. Dr. Heinz Rabe,* der den Verein in seinem Sinn weiterführt und mit seinem Team ein abwechslungsreiches Programm bietet. Beliebt sind die gemeinsamen Fahrten, vor allem nach Österreich – so ins Zillertal oder nach Zell am See – oder, gemeinsam mit dem Frankfurter Verein, ins Rheinland; auch die Schützenfeste in St. Gallen werden besucht. Es gibt fast zwanzig Veranstaltungen im Jahr, Reise- und Wirtschaftsvorträge, nostalgische Sonderrundfahrten mit der Straßenbahn, die bergauf und bergab durch das hügelige Gelände rollt und den Reiz der Gartenstadt zeigt – nicht durch Zufall sind die Gartenausstellungen Stuttgarts in ganz Deutschland berühmt; nicht zu vergessen die Volksstücke einer Theatergruppe, die gerne und mit Erfolg gespielt werden. Auch in

Stuttgart erscheinen zum Österreichball die Spitzen der heimischen Behörden und Politiker aus der Heimat; und dies gilt im erhöhten Maß für die würdigen Empfänge aus Anlaß des Nationalfeiertags.

Dänemark

Drei Österreich-Vereine in *Kopenhagen* und einer in *Odense* beweisen die Präsenz der Österreicher in diesem gastfreundlichen Land. Und das Berührende an den Vereinen: Sie sind zumeist aus den »Wiener Kindern« hervorgegangen, die nach dem Ersten Weltkrieg aufgenommen und aufgefüttert worden waren und die ihre Bindung zu den Zieheltern aufrechterhalten hatten oder ganz dort geblieben waren – jetzt als die dritte Generation. Die Schauspielerin Maria West-Crone trug Wiener Gedichte vor, und Generalkonsul Husted-Andersen war der großzügige Mäzen der Organisationen. Die Dankbarkeit dieser inzwischen recht erwachsenen Wiener Kinder drückt sich auch in der engen Verbindung zu Gmeiners Kinderdörfern aus, für die nach allen Veranstaltungen gesammelt wird und die mit dem Slogan »Helft helfen!« so deutlich ihr Programm bezeugen; es schließt den Besuch und die Betreuung von Heimen behinderter dänischer und österreichischer Kinder mit ein. Man versucht, dänische Schüler für Österreich zu interessieren, so veranstaltete man einen Aufsatzwettbewerb für Primaner mit dem Thema: »Warum ich Österreich gern besuchen möchte«. Frau Elisabeth Keutmann und Frau Jensen sind die Triebkräfte der Kopenhagener Vereine; Frau Keutmann konnte bereits im Jahr 1985 das zwanzigjährige Bestehen ihres »Wiener Klubs« feiern. Professor Friedrich Langer hielt seine beliebten Wiener Vorträge in allen Vereinen, auch Helene Thimig war zu Gast; der Chor-Verein »Jung-Wien« gab Konzerte, die Vorsitzende des *»Österreicher-Clubs Kopenhagen«* Edith Elvert veranstaltete einen Frühlingsball mit Mitternachtssouper, der fast dreihundert Gäste zählte. Und der Reinertrag aller dieser Feste, zu

denen auch Törggelen- und Heurigenabende gehören, floß immer wieder den Kinderdörfern zu.
Besondere Verdienste hat sich Frau *Mitzi Jensenius* in *Odense* mit ihrem »*Österreicher-Verein auf Fünen*« erworben, der einen regelmäßigen Vortragsdienst pflegt und die selbst über Österreich nach einem Besuch in der Heimat sprach; außerdem hat sie eine ganze Gruppe zu einem Wienausflug animiert und den Cicerone gespielt. Gäste sind in ihrem Haus immer willkommen, und ihr Gatte, Primar und Universitätsprofessor im Odenser Krankenhaus, bildete den liebenswürdigen Mäzen. Festhalten möchten wir noch eine interessante Tatsache: Mitzi Jensenius war Mitgliedsnummer Nr. 1 des Weltbundes, sie trat ihm als erstes Einzelmitglied bei, als es den Verein in Odense noch nicht gab.

Finnland

Seit 35 Jahren besteht der *Finnisch-Österreichische Verein* in Helsinki, der trotz der geringen Anzahl dort lebender Österreicher regelmäßige Veranstaltungen durchführt, und zwar Folklore ebenso wie Kunst oder Dichterlesungen. Der Vorsitzende *Eduard Zukale*, der dem Finnen Arne Völikangas folgte, lud Tiroler Sänger zu Tanzfesten ein und gab ein Gschnasfest mit Maskenprämiierung. Was besonders erfreulich ist: Außer regelmäßigem Schüleraustausch wurde auch ein Aufsatzwettbewerb im Gymnasium mit Deutsch als »langer« Sprache ausgeschrieben, das Thema lautete: »Österreich als Musikland und als Reiseland«. Acht Geld- und fünf Buchpreise konnten vergeben werden. Vergnüglich ist es wohl beim gemeinsamen »Schwammerlsuchen« der »Gesellschaft der Pilzfreunde« zugegangen – die feuchten, dichten Wälder haben den Suchenden sicher eine gute Ernte gebracht. Und an den langen Winterabenden traf man sich bei Konzerten oder zu geselligem Beisammensein; daß Advent und Weihnachten besonders gefeiert werden, ist seit langem ein gern geübter Brauch.

Frankreich

In Städten wie Nantes, Nizza, Toulouse, Marseille, Bordeaux schließen sich kleine österreichische Gruppen zusammen; die wesentliche Vereinigung aber ist naturgemäß die im Jahre 1956 von *Dipl. Ing. Hans Csonka* gegründete *»Österreichische Vereinigung in Paris«*, die so illustre Leute wie Dr. Schenker-Angerer oder Dr. Franz Joseph Kröll – später selbst wie auch Hans Csonka Vorstandsmitglied im Weltbund – angehörten und die bereits im zweiten Jahr ihres Bestehens eine große Weihnachtsfeier und ein Kinderfest veranstalten konnte. Dem *Genius loci* entsprechend gab es sowohl künstlerische wie gesellschaftliche Abende von hohem Niveau, was schon die enge Zusammenarbeit mit dem Österreichischen Kulturinstitut und der Österreichischen Botschaft garantierte. Dipl. Ing. Csonka übersiedelte nach Spanien, sein Nachfolger Dr. Kröll nach Wien – *Dr. Heribert Zahorka* übernahm das Präsidium und lenkte den Verein zehn Jahre lang, bis auch er nach Österreich zurückkehrte und sein Amt *Dr. Peter Enrst* übergab; der Verein konnte somit sein dreißigjähriges Jubiläum feiern. Es ist gewiß nicht leicht, den Mitgliedern in einer Weltstadt wie Paris ständig Gültiges zu bieten, dem Pariser Verein aber ist es mit seinen fast vierhundert Mitgliedern geglückt; er zählt zu den Stützen des Weltbundes.

Griechenland

Seit Präsident *Friedrich A. Mayer* der Vereinigung der Österreicher in Griechenland vorstand, ist das Leben im Klub erwacht. Durch Mundpropaganda zusammengerufen, fanden sich fast hundert Österreicher und ihre Freunde in dem »geborgten« Klublokal des Schweizer-Vereins ein; bald aber gab es ein eigenes Heim. Offiziell wurde die Gesellschaft im Jahr 1984 gegründet, die Mitglieder trafen sich zum Heurigen und zum Kathreintanz, unternahmen aber auch gewagte Wanderungen, so wurde der Olymp erstiegen – es muß ein herrliches Gefühl für einen österreichischen Humanisten gewesen sein! Der Heimatabend 1991 lief unter dem Motto »Heimat bist du großer Söhne!«, und um den Leuten auf originelle Weise nahezubringen, welches Potential an solchen Prominenten vorhanden ist, stellte man ein interessantes österreichisches Quiz mit schönen Preisen zusammen. Nachfolger Friedrich Mayers ist Prof. Dr. Puchner. Friedrich Mayer ist auf erstem Anhieb in den Vorstand des Weltbundes geholt worden, er gehört zu den Mitgliedern, die Ideenreichtum mit Unternehmensgeist verbinden – ein echter Gewinn für den Weltbund!

Großbritannien

Nach dem Ausscheiden des ersten Präsidenten und Vorstandsmitglieds Dr. Joseph Laemmel wurde es recht still um die englischen Vereine, still insofern, als sich die Gruppen, die es noch weiterhin in England gab und die auch Zusammenkünfte pflegten, ziemlich ostentativ vom Weltbund trennten, man traf sich auf den Empfängen der Botschaft. Erst im Jahr 1985 rief Obmann Erich Thaler zu einer Gründungsversammlung auf, und das mit Erfolg – der *Österreich-Klub in London* wurde errichtet. Zweidrittel der Gründungsmitglieder mußten Österreicher sein. Die *»Anglo-Austrian-Society«*, ebenfalls in London, feierte indessen schon ihr 45jähriges Bestehen, sie organisierte Sprachkurse und Schüleraustausch, besonders war sie um Betreuung jugendlicher Behinderter bemüht. Die gute Zusammenarbeit mit dem Kulturinstitut war bekannt, man nimmt an den offiziellen Veranstaltungen teil. Der *»Österreicher-Klub«*, den *Erika Walker* leitet, bemüht sich erfolgreich um ein ausgesuchtes gesellschaftliches und Unterhaltungsprogramm; bekannt ist der Christkindlmarkt, ein Novum in der Themsestadt; die alljährliche Wiederholung beweist, wie er den Kindern gefällt. Aber auch der berühmte Turnierreiter Joschi Hannakamp wurde besucht, ein Österreicher, der Turnierpreise

einheimste und von Prinz Philipp, einem leidenschaftlichen Pferdeliebhaber, persönlich Auszeichnungen erhielt. Die Vorführung österreichischer Filme und die Reisevorträge sollen nicht vergessen werden, vor allem aber, daß ein reger Schüleraustausch und die Betreuung der österreichischen Au-pair-Kinder ein Hauptanliegen des Vereins bleibt.
Es gibt noch andere Österreich-Vereine in England, in *Birmingham* befindet sich einer der bedeutendsten; er kann auf über zehn Veranstaltungen im Jahr hinweisen, unter anderem auf einen lustigen Maitanz und auf Filmtage. Er steht unter der Leitung von Alfred Neumeister. *Edelweiß-Klub* nennt sich ein Verein in York; auf britischen Inseln gewiß ein Zeichen von nostalgischem Heimatgedenken, Frau Wilfriede Iwaniuk hält die Zügel in der Hand. Und der Klub *»Servus«* in Manchester verrät dem Österreicher mehr von seiner Herkunft und auch seinem Programm als dem ansässigen Engländer!
Die *Irisch-Österreichische Gesellschaft in Dublin*, der Dr. Otto Glaser vorsteht, befaßt sich vor allem mit ernster Musik, es gibt Orgel- und Klavierkonzerte; so gastierte auch Professor Haselböck von der österreichischen Akademie in Dublin, zur Freude der österreichischen Gemeinde.

Island

Auch in Island trifft sich eine kleine Gruppe der Freunde Österreichs im *Klub Austria* unter der Leitung Hans Ploders zu den großen Festen, vor allem zum Nationalfeiertag.

Italien

Rom
»Roma locuta – causa finita!« – so war es in der Weltgeschichte, im Altertum, im Auf und Ab des Mittelalters, und so ist es in gewissem Sinn bis heute geblieben. Es ist daher kein

Wunder, daß sich gerade in Rom ein Mann fand, eine eindrucksvolle Persönlichkeit, der mit allem Einsatz, mit imponierendem Auftreten bis zu seinen letzten Tagen hin auf den Plan trat, um eine Organisation aufzubauen, die nicht nur die Landsleute in dem immerhin begrenzten geographischen Rahmen des Gastlandes umfassen, sondern darüber hinaus eine Ausstrahlung auf die übrigen Länder ausüben sollte, um auf diese Weise doch etwas »Weltumspannendes« im klassischen Sinn zu schaffen. Es war *Karl Bambas* in Rom, der von der ersten Stunde an in der Schweiz, über alle Hürden bis zu seinem Abschied, das Banner für den Weltbund schwang.

Karl Bambas schrieb eine Biographie, ins kleinste Detail gehend, die nicht nur Auslandsösterreicher interessieren könnte. Sie ist zugleich die Geschichte der Auslandsösterreicher-Bewegung in dem fremdsprachigen Rom, in Zeiten politischer Veränderungen. Er begann seine Mission – denn so darf man es bezeichnen – mit der Landsmannschaft, mit der Hilfsaktion, inmitten politischer Querelen, die naturgemäß zu einem noch engeren Zusammenschluß seiner Landsleute führten, bis zur Gründung des Landesverbandes Italien, in dem sämtliche italienischen Vereine aufgenommen werden. Eine lesenswerte, schillernde Lektüre, aus der unsere Landsleute manches lernen könnten. Lange bevor es die straffe Organisation gab, bildete das Haus Bambas – denn Karl Bambas war Herz und Kopf dieser Aktivitäten – eine Stätte der Hilfeleistung für die zahlreichen Italienwanderer, von den Touristen über die Pfadfinder bis zu den Vagabunden, die man versorgte und denen man nach Kräften die Heimreise erleichterte. Die Landsmannschaft entwikkelte sich aber auch zu einem Ort der Begegnung; ein kulturelles und gesellschaftliches Programm entstand, das sich selbst in der Weltmetropole Rom sehen lassen konnte. Es ist in dieser Schrift nicht möglich, auf Einzelheiten einzugehen; ein Mitteilungsblatt mit dem stolzen Titel »Freie österreichische Weltbewegung« erschien; und dann, 1952, kam es zur Gründung des Weltbundes.

Im Jahr 1955 wurde ebenfalls auf Initiative des Vizepräsidenten

Karl Bambas der Landesverband Italien geschaffen. Die Vereinigungen Rom, Triest, Mailand und Meran entsandten Vertreter zur konstituierenden Versammlung, an der auch der spätere Botschafter Dr. Georg Afuhs, damals Legationsrat, teilnahm. Es war dies keineswegs eine Konkurrenzorganisation zum Weltbund, im Gegenteil: Sie war zur Unterstützung seiner Interessen gedacht, zur Entlastung der Wiener Zentrale. So erhielt dieser Landesverband – ähnlich wie der Landesverband Schweiz-Liechtenstein – eigene Stimmen zur Wahl nach der Größe seiner Vereine, die aber eine gewisse Anzahl nicht übersteigen durften. Der Präsident des Mailänder Vereins war ein prominenter Auslandsösterreicher, Wilhelm Rybin.
Dieser Landesverband war somit ein Spiegelbild des Weltbundes im kleinen mit den gleichen Problemen und den gleichen Aufgaben. Vor allem bemühte man sich – wie später auch im Weltbund –, einzelne Österreicher aufzuspüren, die in italienischen Städten verstreut lebten und sie zu gewinnen. Tatsächlich gelang es dem Verband, durch Aufrufe, Inserate und durch die Hilfe der Vertretungsbehörden, eine beträchtliche Anzahl Einzelmitglieder zu kapern...
In Genua, Venedig, Bologna, Görz schuf man kleine Enklaven – mit wechselndem Erfolg. Spenden liefen ein, niemals genug, natürlich; die Not der in Italien lebenden Österreicher scheint tatsächlich besonders bitter gewesen zu sein. Es ist eines der vielen Verdienste des »Volkstribunen« Karl Bambas, diese Leute angesprochen, sie aus ihren Elendsquartieren herausgeholt und ihnen doch so etwas wie eine menschenwürdige Existenz verschafft zu haben. In dem Kapitel über den »Fonds« haben wir über die temperamentvollen Attacken des »Römers« berichtet... Der Zweck heiligt die Mittel!
Aufschwung auch auf andern Gebieten: Rom wäre nicht Rom und Bambas nicht Bambas gewesen, wenn es ihm nicht gelungen wäre, namhafte Künstler für seinen Landesverband zu gewinnen. Musiker und Schauspieler traten in der Via Anima auf, wenn sie öffentliche Gastspiele gaben; der Österreicherball wurde zu einem gesellschaftlichen Ereignis, der Maler Stra-

chota stellte nicht nur aus, sondern blieb dem Verein treu, ja, er gestaltete das Mitteilungsblatt, das Diplomkaufmann Otto Müller-Minervo, ein Mann voll Charme und Witz, redigierte und der schließlich die Nachfolge Karl Bambas' antrat, als dieser, zum großen Bedauern nicht nur der römischen und italienischen Kolonie, sondern des ganzen Weltbundes, krankheitshalber den Abschied nahm. Sein schweres Gebrechen – ein Bein wurde amputiert – machte es ihm nur mehr möglich, als Gast bei den Tagungen teilzunehmen. Unvergeßlich, wie er, angeschlagen, aber aufrecht und lächelnd seine Freunde begrüßend, am Arm seiner Frau den Saal betrat, in dem der Weltbund tagte. Da gab es wohl niemanden, weder im Vorstand noch im Plenum, der nicht spürte: Da ist ein Mann, der sein Leben lang für seine Idee gekämpft hatte und dem der Weltbund soviel verdankt.
Daß seine reizende, tüchtige Tochter Dr. Margarete Bernava-Bambas nicht nur dem Weltbund treu blieb, sondern sogar im Vorstand mitarbeitet, das ist sicher ein Vermächtnis, für das wir dem »alten Bambas« nur danken können.

Mailand

Mailand, die Weltstadt, mußte notgedrungen auch zum Sitz eines Österreich-Vereines werden, und zwar zu einem elitären, wo ein Wilhelm Rybin jahrelang Präsident war, eine Alice Strauß wirkte und nach einem Interregnum des ehrgeizigen Dr. Kurt Tolloi und des Südtirolers Dr. Giampietro Frau Dr. Rosemarie Reimann und ihr Stab das Zepter ebenso wirkungsvoll wie charmant schwangen – der Weltbund hat sie sich in den Vorstand geholt. Es gibt ein eigenes Vereinslokal mitten in der Stadt mit schöner Bibliothek, um die sie viele beneiden können; es gibt regelmäßige Vereinsabende, es werden Konzerte und Vorträge prominenter Gäste gehalten und es gibt ein reges gesellschaftliches Leben, vom großen Ball bis zur Nikolausfeier für die Kleinen, es gibt deutsche Sprachkurse und Bridgeabende. Es ist nicht leicht, in einer so reichen, so lebendigen Stadt ein konkurrenzfähiges Programm zu bieten, aber die Mitglieder bleiben dem Verein treu, ein sicheres Zeichen, daß es gelungen ist.

Triest – ein Stück Alt-Österreich

Über Triest zu schreiben, es zu würdigen, ist wohl nicht nötig. Immer noch ist es uns ein Stück Alt-Österreich, dieses Seitentor unseres Erdteils, wie es ein glühender Verehrer des Landes genannt hat, immer noch der Hafen, der jahrhundertelang den Österreichern den Weg in die Welt erschloß. In schönem Bogen schmiegt sich die Küstenstraße, die Riva, an den geschwungenen Golf; im Hintergrund die Steilwände des Karsts, und wer durch diesen bezaubernd angelegten Hafen, der als natürlicher Vermittler des gemeinsamen Wohls zweier verschiedener Welten scheint, schreitet, der fragt sich unwillkürlich, warum Neapel und nicht Triest als die Krone der italienischen Häfen gepriesen wird... Die Piazza Unità mit dem mächtigen Gebäude des Lloyd Triestino erinnert fast schmerzlich an den rechteckigen Schwarzenbergplatz in Wien, dem freilich der Ausblick an der Schmalseite zum offenen Meer fehlt, der die Strenge der Anlage mildert und dem Pathos der Stadtpaläste südlichen Glanz verleiht. Wenn Venedig die Stadt »im Meer« genannt wird, so kann Triest mit Fug und Recht die »meerverbundene« Stadt heißen, die Stadt mit der sechshundert Jahre währenden österreichischen Vergangenheit, die überall ihre Spuren hinterlassen hat, inmitten der römischen Ruinen und alten Mauern...

So war es selbstverständlich, daß der Landesverband Italien auch hier die Österreicher zusammenrief, um sie in Vereinen zu unterstützen, zu fördern und vor allem, um eine Kolonie zu schaffen, die sich ihrer geschichtlichen Bedeutung bewußt ist. Und die Österreicher kamen mit Freuden, ja, es entstanden sogar zwei Organisationen in dieser gesegneten Stadt, der *Circolo di Cultura Austriaco di Trieste* und der *Verein der Österreicher*, beide von zwei effizienten Präsidenten geführt, Dr. Siegfried von Seemann und Frau Trude Baumgartner, beide seit Jahrzehnten für die gute Sache tätig. Doktor Seemann schuf gemeinsam mit dem Kulturinstitut in Rom hervorragende Veranstaltungen, von Österreichern wie Italienern besucht – Ingeborg Bachmann gab Leseabende, ein Rilke-Symposium versammelte Germanisten aus aller Welt in Duino und vieles andere mehr. Die Seele des Vereins der Österreicher aber ist Frau Trude Baumgartner, die mit einem ständigen Programm unter unendlichen Mühen und Opfern die alten Landsleute zusammenhält, liebenswert und tüchtig. Daß ein so berühmter Offizier aus Alt-Österreichs Tagen, der Flieger im Weltkrieg Major von Banfield – das Heeresmuseum in Wien widmet ihm einen ganzen Saal – auch noch im hohen Alter an den Österreichabenden beider Vereine teilgenommen hat, beweist wohl, daß es in dieser einmaligen Stadt eine ganz besondere Bindung zur alten Heimat und seiner Geschichte gibt... Wie eine große Familie halten diese Österreicher im fremdsprachigen Land zusammen; sie unternehmen gemeinsame Fahrten nach Österreich, meist nach Kärnten, sie haben ihre regelmäßigen Treffen und sind selbstverständlich Gast bei dem weit kapitalkräftigeren Circolo. Einen schweren Verlust erlitt der Verein durch den Tod des Allroundkünstlers, Schauspielers, Malers, Sängers Rudolf Thaler, der die Prominenten Triests porträtierte und Ausstellungen in ganz Italien und in Wien gab – er hat viele Dezennien in Triest gelebt, aber er wollte im Familiengrab in Wien begraben sein... Was auch geschah... »Heimat ist nicht, wo du lebst, sondern wo du begraben sein willst...«, sagt ein österreichischer Dichter.

Luxemburg

Der Verein der Österreicher in Luxemburg arbeitet eng mit dem Verein *»Les amis de l'Autriche«* zusammen. Neben literarischen Vorträgen – so hat die Wiener Schauspielerin Traute Foresti mehrmals dort gesprochen – wird vor allem ein Unterhaltungsprogramm geboten. Es war keine große Gruppe, die sich zu den Veranstaltungen einfand; als aber der »Wiener Ball«

verkündet wurde, nahmen fast 700 Personen an ihm teil, bestimmt ein sehr beachtliches Ergebnis, über das sich der Vorsitzende Dr. Axel Thomas freuen konnte. Der Reinertrag ging an Heime für Schwerbehinderte und an psychiatrische Anstalten.

Niederlande

Zwei Österreichvereine bestehen in Holland, deren Vorstandsmitglieder kooptiert sind, in Den Haag und in Amsterdam. Eine kleine Gruppe trifft sich zudem fallweise in Eindhoven, wo es u.a. im Jahr 1986 die Ausstellung: »Kreative Österreicher in den Niederlanden« gab, die Aufsehen erregte. Der Verein der Österreicher in den Niederlanden in Den Haag war eine der bedeutendsten Auslandsorganisationen Hollands. Ins Leben gerufen von Konsul Harald Brunner, wurde sie von *Dipl. Ing. Wolfgang Reiler* weitergeführt, der zweitweise nicht nur Mitglied des Weltbundvorstandes war, sondern jetzt als Generalsekretär des Weltbundes tätig ist – er hat somit über dreißig Jahre die Interessen des Weltbundes vertreten und vertritt sie heute noch. Gemeinsam mit seiner Frau Ingeborg stellte er ein Programm in Holland auf, das nicht nur bei der Vertretungsbehörde, sondern vor allem auch bei den holländischen offiziellen Stellen den besten Ruf besaß. Die beispiellose Gastfreundschaft des Hauses Reiler selbst, die schöne intime Feste und darüber hinaus Einladungen im großen Stil geradezu zelebrierte, war berühmt. So fand eine Vorstandssitzung in Den Haag statt, verbunden mit einer Fahrt nach Rotterdam und Delft – man lernte dank der Organisatoren die reizvollen Hauptstädte Hollands kennen. Die so früh verstorbene Künstlerin Ingeborg Reiler hatte sich sowohl in ihrer Wahlheimat wie in Österreich und Deutschland einen bekannten Namen als Aquarellmalerin gemacht und verschiedene Ausstellungen gegeben, die letzte nach ihrer Rückkehr in ihrer Heimatstadt. Die künstlerischen Interessen des holländischen Vereins zeigen sich auch auf anderen Gebieten: Wiener Schauspieler geben Abende, viel Augen-

merk wird auf moderne Kunst gelegt, sowohl bei den Vorträgen wie an den Dichterabenden. Das größte Ereignis bleibt freilich der Österreichball, der mit seiner traditionellen österreichischen Gestaltung eine geradezu unglaubliche Anziehungskraft auf die kühlen Niederländer ausübt und in allen Zeitungen besprochen wird. Seit dem Ausscheiden Generalsekretärs Reiler führt *Dipl. Ingl Harald Baron* den Verein.
Die in *Amsterdam* stationierte Vereinigung Nederland Oostenryk steht in bestem Einvernehmen mit der Gesellschaft in Den Haag und wird von Dr. Hugo Weiland geleitet. Die großen Festlichkeiten wie der Nationalfeiertag werden gemeinsam begangen, Vortragende und Schauspieler treten meistens in beiden Vereinen auf. Beim monatlichen Sonntagsstammtisch treffen sich die Österreicher und ihre Freunde; Rekordbesuche gab es im Jahr der Brüsseler Europalia.

Norwegen

Der *Norwegisch-Österreichische Verein* in *Oslo* wird von Präsidentin *Dr. Erika Rosendahl* geleitet. Auch dieser Verein wurde bereits im Jahr 1958 gegründet und bringt vor allem ein Unterhaltungsprogramm, obwohl auch immer wieder klassische Musik geboten wird. So gastierte das Orchester Jung-Wien in Oslo, und wo immer es möglich ist, holt man sich in Schweden auftretende österreichische Künstler auch zum Gastspiel in die norwegische Hauptstadt. Eine Singgruppe tritt bei den Heimatabenden auf, die allmonatlich stattfinden; auf sieben größere Veranstaltungen kann der Verein jährlich zurückblicken. Stimmungsvoll verlaufen die Weihnachtsfeiern mit Lesungen und Liedern, und zu Nikolo werden die Kinder beschenkt. Ein »Hausball« im »Kunstzentrum Sonja Henie« vereint die Österreicher mit den Angehörigen ihres Gastlandes, denn auch in den langen Nächten Norwegens wird gerne Walzer getanzt.

Portugal

Der *Verein der Österreicher in Portugal* steht unter der Präsidentschaft *Dr. Friedrich Kosians* (seit 1988); im äußersten Westen Europas, recht unbequem für die Mitglieder gelegen, die zu den Hauptversammlungen und Tagungen des Weltbundes kommen wollen. Umso anerkennenswerter war es, daß der frühere Präsident Dante Bernardin mit seiner Gemahlin, soweit es seine beruflichen Verpflichtungen nur halbwegs erlaubten, zu den Sitzungen reiste. Und da hat sich ihn der Weltbund »geschnappt«: Als Vertreter seines Vereins kam er nach Österreich, als Vizepräsident des Weltbundes kehrte er nach Lissabon zurück, und ab dem Jahr 1979 amtiert er als Präsident... Der Verein der Österreicher in Lissabon hat seinerzeit bei der Aufnahme Wiener Kinder nach dem Zweiten Weltkrieg unendlich viel geholfen, Kinder aufgenommen, die, längst zu Erwachsenen geworden, heute noch von den Tagen in Portugal schwärmen. Der Verein erfüllt somit ein rein karitatives Programm, und dem ist er bis heute treu geblieben. So werden Adventfeiern für Kinder veranstaltet und die Kinderdörfer unterstützt; daß den Kindern zudem Weihnachtsmärchen vorgelesen und Lieder gesungen wurden, war sicher eine ungewohnte zusätzliche Freude in Portugal. Das Unterhaltungsprogramm für die Erwachsenen ist vielfältig; neben Wanderungen und Tagesausflügen bestieg man auch den höchsten Berg Portugals in der Sierra de Estella. Daß in einem Verein auch viel und gut getanzt wird, wo Dante und Gerty Bernardin bühnenreife Tanzkünstler sind, ist begreiflich; so gibt es den traditionellen Frühlingsball im Hotel Ritz; aber auch Museumsbesuche und Besichtigungen heimischer Sehenswürdigkeiten. Da außerdem ein renommierter »Chefkoch« österreichischer Herkunft in Lissabon arbeitet, hat man Gelegenheit, nostalgisch »österreichische« Speisen zu genießen, und das tut denn der Verein auch z. B. beim »Schnitzelessen... Auch die enge Verbindung zur Botschaft bringt eine beträchtliche Reihe gesellschaftlicher und kultureller Aktivitäten mit sich. Von Anfang an aber war es das Bestreben der österreichischen Gemeinschaft, die Kontakte unter Landsleuten und deutschsprachigen Freunden zu fördern, ebenso wie man sich der historischen Habsburgertradition erinnerte: Zum ersten Todestag der Ex-Kaiserin Zita wurde in der Pfarrkirche Estoril eine Gedenkmesse gelesen, und ein Empfang bei Erzherzog Joszef Arpad Habsburg-Lothringen bildete den Abschluß der würdigen Feier.

Schweden

»Pro Austria« hieß der *Österreicher-Verein in Göteborg,* der im Jahr 1952 von Frau Dr. Anna Halfen gegründet und dann von *Dr. Günther Kress* und *Dr. Christian Hammer* weitergeführt wurde. Im Jahr 1984 übernahm *Dr. Josef Breitenfellner* den Vorsitz. Dr. Kress, der den Verein entscheidend prägte, war Musiker, es gab daher hervorragende Konzerte, die auch von den Göteborgern sehr geschätzt wurden. Ein Höhepunkt war der gemeinsame Besuch eines Konzerts der Wiener Philharmoniker, die in Schweden gastierten. Aber auch musikalische »Gustostückeln« wurde von dem Präsidenten selbst und seinem Team an allen Vereinsabenden geboten; Quartette und Singabende der Kinder fanden statt, und der unermüdliche, bei den Auslandsösterreichern so beliebte Professor Dr. Friedrich Langer trug seine ebenso klugen wie amüsanten Wiener Geschichten einem Publikum vor, das nicht immer vollkommen die deutsche Sprache beherrschte, trotzdem aber von seiner kabarettistischen Darstellung entzückt war. Nach dem Weggang Dr. Kress' wurde die »Pro Austria« aufgelöst; nur die ehemalige Kassierin Ingeborg Horak kommt als treuer Gast zu den Weltbundtagungen, sie ist praktisch das einzige Bindeglied, das zu den schwedischen Österreicher-Vereinen besteht.

Nicht aber zu allen: denn in *Järfällä* gibt es die *Schwedischen Kapruner Freunde,* und die gehören zu den verläßlichsten Anhängern des Weltbundes. Es begann damit, daß einem jungen schwedischen Studenten namens *Lars-Göran Weiler*, der in den Süden reisen wollte, ein Kärntner Prospekt in die Hände fiel, und da er schon von seinem Vater einiges Lobenswerte vom Wörthersee gehört hatte, so entschied er sich kurz entschlossen, statt ans Meer an den unbekannten See zu fahren. Der Erfolg übertraf alle Erwartungen: Nicht nur, daß ihm das südliche Österreich gefiel, es gefiel ihm einfach alles, was mit Österreich zusammenhing, und als er nach Järfällä zurückkehrte, gründete er den Verein *»Schwedische Kapruner Freunde«*. Lars-Göran Weiler hatte seine Liebe zu Kaprun entdeckt und beschlossen, den Namen »Kaprun« in seinen Vereinstitel aufzunehmen. Er ist inzwischen Stammgast in dem schönen Bergdorf geworden, mit Urkunde geehrt, wie er auch verdientermaßen verschiedene österreichische Auszeichnungen erhalten hat. Der Verein, der mit kleinstem Umfang begann, hat inzwischen 160 Mitglieder, einen Vorstand, der regelmäßig seine Berichte herausgibt, gemeinsame Theaterbesuche und Wanderungen arrangiert, die Museen in Stockholm besucht und selbstverständlich rege Propaganda für Österreich betreibt. Ein viermal jährlich erscheinendes Mitteilungsblatt, die »Kapruner Nachrichten«, mit dem selbst entworfenen Vereinssignum, einem rot-weiß-rot verzierten Edelweiß geschmückt, bringt sowohl Vereinsnachrichten wie Meldungen aus Österreich – Fremdenverkehr! – zur Kenntnis. Lars-Göran Weiler hat zwar deutschsprachige Mitglieder im Verein, trotzdem verursacht ihm die Übersetzung der österreichischen Nachrichten viel Mühe, die er als begeisterter Wahlösterreicher auf sich nimmt. Er fehlt bei keiner Weltbundtagung, und das dankten ihm Präsident Bernardin und seine Gemahlin so sehr, daß sie den Verein in Järfällä besuchten – es war ein großes Fest für beide Teile, für die Schweden und für die Österreicher.

Lange Jahre war Dr. Edi Kaspár – auch er einst ein »österreichisches Kind« – *Präsident der Schwedisch-Österreichischen Vereinigung* in *Stockholm* gewesen; als Vorstandsmitglied nahm er an den Weltbundsitzungen teil. In engem Kontakt stand der

Verein mit der Botschaft, aber auch eine Anzahl eigener Abende, vor allem musikalischer Art, und Österreich-Vorträge wurden gebracht. Und dies in einem wunderschönen Rahmen: in einem Saal des Stockholmer Museums, gegenüber dem Königlichen Schloß, und da es so lange licht ist in dieser nördlichen Stadt, konnte man nach einem Vortrag oder einem Leseabend hinaustreten und See und Strom in noch hellem Dämmrig-Blau zu Füßen liegen sehen – ein zauberhafter Anblick! Frau Ribbing spielte den Cicerone in der enggedrängten Altstadt mit hundert Geschichten... Es ist sicher nicht leicht, einen Österreicherverein zu führen, dessen Mitgliedern die englische Sprache nähersteht als die deutsche, aber dem Vorstand gelang es sogar, Interesse für typisch wienerische Darbietungen zu wecken; so gab es eine Lesung Fritz Muliars, Gedenkstunden an politische Ereignisse in Österreich, und die »Ballnacht in Wien« mit Fächerpolonaise und Tombola war auch hier ein großer Erfolg. Als Preise winkten Österreichaufenthalte. Ing. Karl Elias war der Initiator der Aktivitäten – er hatte das gewiß nicht leichte Amt nach dem Tod Dr. Edi Kaspárs übernommen.

Spanien

Barcelona

Der *»Österreichische Hilfsverein in Katalonien«* unter der Leitung *Dr. Harald Langers* setzt das Erbe Ing. Hans Frischs fort, des wohlgenährten, gutmütig polternden und so großzügigen Präsidenten vieler Jahre, der auch im Vorstand des Weltbundes tätig war. Die Krampus- und Weihnachtsfeiern mit der reichhaltigen Tombola waren in der ganzen Stadt bekannt, ein Ball unter dem Motto »Die verrückten Zwanzigerjahre« war besonders gelungen, ebenso die Heurigen, die, wenn auch mit anderm Wein, aber in gleich guter Stimmung verliefen – dafür sorgte schon der urwüchsige Humor des Gastgebers. Auch hier flossen die Reinerträge nur wohltätigen Gemeinschaften zu.

Madrid
Seit Jahren besteht der Österreichische *Hilfsverein Madrid*, der sich im besten Einvernehmen mit den spanischen Organisationen befindet. Madrid hat, ebenso wie Lissabon, nach dem Zweiten Weltkrieg österreichische Kinder aufgenommen und betreut; ein später Dank wurde den Zieheltern im Jahr 1980 mit einer schönen Feier zuteil. Wohltätigkeitsbasare, Bälle, aber auch ein »Oktoberfest« unter dem Motto »Madrid grüßt Oberösterreich« wurden veranstaltet, und zu Weihnachten gibt es Geschenke für die Kinder. Die Vereinsmitglieder besuchen gemeinsam Ausstellungen moderner Künstler, ja, sie planten sogar im Einvernehmen mit dem Österreich-Verein in Mexico eine Reise dorthin, mutig geworden durch den besonderen Anklang, den eine mehrtägige Fahrt nach Lissabon gefunden hatte. Man gab sich dann etwas bescheidener: Man fuhr in die Sierra, wo man ein aufgelassenes Silberbergwerk unter der Führung eines fachkundigen österreichischen Lehrers von der deutschen Schule besichtigte und begnügte sich mit kleineren Ausflügen. Hervorgehoben soll noch ein besonders interessanter Vortrag werden: Erzherzog Andreas Salvator sprach von einem seiner Vorfahren und brachte viele historische Details – wie sollte ein Habsburger in Spanien nicht in diesem Thema bewandert sein!
Auch in Sevilla und Toledo treffen sich kleinere österreichische Gruppen zu Ausstellungsbesuchen und geselligen Abenden. Geschlossene Vereine konnten aber noch nicht geschaffen werden.

Türkei

Solange *Paul Balkany*, langjähriges Vorstandsmitglied des Weltbundes und nach seiner Übersiedlung Generalsekretär in Wien, den Österreich-Verein in *Istanbul* leitete, ging alles gut. Durch seine Freundschaft mit Professor Holzmeister, vor allem durch die vielfältigen Beziehungen zum österreichischen St.-

Georgs-Kolleg, schuf er sich und damit den von ihm geführten Verein einen Bekanntheitsgrad in der Wahlheimat, der den anderer ausländischer Organisationen weit übertraf. Künstler und Politiker – so der ehemalige Unterrichtsminister Dr. Drimmel – waren regelmäßig Gäste bei den Österreichern, Paul Balkany hielt Österreich-Vorträge und erschloß wirtschaftliche Kontakte, die seiner Heimat erhebliche Vorteile brachten. Auch Schüleraustausch und Ferienaufenthalte für österreichische Kinder wurden in die Wege geleitet. Mit der Rückkehr des aktiven Präsidenten nach Wien aber schwanden diese Dinge allmählich; der Verein scheint in keiner Liste mehr auf – er ist sanft entschlafen.

Zypern

Im Jahr 1985 gründete die aus Tirol stammende, mit einem Zyprioten verheiratete Ärztin *Dr. Edeltraud Leozides* eine »Zypriotisch-österreichische Freundschaftsgesellschaft«, die ungefähr 80 Mitglieder zählt. Es sind meist mit Zyprioten verheiratete Frauen, die sich regelmäßig zu Heimatabenden zusammenfinden.

Außereuropäische Staaten

Kanada

Das riesige Kanada ist eines der bedeutendsten Einwandererländer der Welt. Wie viele Möglichkeiten, wieviel Raum, welche landschaftliche Vielfalt! Ein Gebiet, dessen Erschließung ohne Flugzeug unmöglich ist – als die Tausenden Kilometer Eisenbahnen in den Vereinigten Staaten errichtet wurden, gab es kaum Straßen, kaum Schienen hier in Kanada; so mußten die Kanadier mit dem modernsten Verkehrsmittel beginnen und das unermeßliche Flugnetz über ihr gigantisches Land spannen.

Und die europäischen Einwanderer, unter ihnen die Österreicher, suchten in diesen menschenleeren Gebieten, diesem verheißungsvollen Land, einen neuen Beginn.
In einigen Hauptstädten gibt es Österreich-Kolonien, zum Teil Burgenländer, in manchen sogar verschiedene Gruppen; die meisten trafen sich zu rein geselligen Unterhaltungen, was in einem fremdsprachigen Land durchaus verständlich ist. In den Städten Calgary, Edmonton, Montréal, Ottawa, Toronto und Windsor haben sie sich zu Österreich-Vereinen zusammengeschlossen.

Calgary (Alberta)
Schon im Jahr 1980 bekam die *Österreichisch-Kanadische Gesellschaft Calgary* einen eigenen Klubraum mit Restaurations- und Barbetrieb, dem sie den Namen »Franz Joseph« gab. Dort wurden die Festlichkeiten abgehalten, die Bunten Abende mit Volkstänzen und Singgruppen, das Oktoberfest – das aber nicht der Stadt München, sondern dem Land Oberösterreich gewidmet war – und die vielen regelmäßigen Zusammenkünfte von Freunden und Familien. Doch nicht nur Folklore gab es: Konzerte in einem eigenen Kulturzentrum spielten klassische Musik, und obwohl Calgary die Verbindung zu den Bundesländern besonders schätzte, lief der bekannte Ball der Klubs doch unter dem Motto »Eine Nacht in Wien«. Konkurrent war allerdings der Ball des Jahres 1984, der sich »Internationale Nacht« nannte. Im Olympiajahr konnte der Verein alle Facetten seines reichhaltigen Programms spielen lassen: So lud Präsident Karl Jarousek neben den großen offiziellen Persönlichkeiten der Stadt und des Landes auch die Vertreter des Olympiakomitees ein, Sportler wie Manager, und veranstaltete einen Ball in Wiener Atmosphäre mit Fächerpolonaise und Strauß-Musik, mit Balletteinlagen und einem Konzertsänger aus Calgary. Unbestritten war dieser Ball ein Höhepunkt der Winterolympiade des Jahres 1988. Überdies diente das Klubgebäude der Bundeswirtschaftskammer als Logis, woraus sich zahlreiche amikale Kontakte ergaben, die sich in den späteren

Jahren erfreulich für beide Teile auswirkten. An dieser Olympiade nahmen zum ersten Mal auch Versehrtengruppen teil – sie wurden von den Leitern des Wiener Klubs herzlich empfangen und erreichten überraschende sportliche Erfolge bei den Wettbewerben.

Edmonton (Alberta)
Ein besonders rühriger Verein, der schon seit vielen Jahren besteht: Im Jahr 1986 feierte Präsident Joe Niederleitner sein zwanzigjähriges Jubiläum. Es war vor allem Musikalisches, das den Mitgliedern des *Clubs Austria* geboten wurde; die Reinerträge verwendet man durchwegs zu Stipendien für Musikstudenten. Im Jahr 1989 gründete Anny Leeb eine Johann-Strauß-Stiftung, deren Zweck ebenfalls die Förderung von Musikstipendiaten ist; daß zugleich der Ball als »Johann-Strauß-Ball« angezeigt wurde, beweist die Beziehung zur leichten Muse, zur klassischen Wiener Operette. Der Verein ist einer der bedeutendsten Österreicher-Vereine ganz Kanadas.

Montreal (Quebec)
Die *»Österreich-Gesellschaft Montreal«* brachte es zu sechzehn Veranstaltungen in einem Jahr, Präsident Wolfgang Hering konnte 170 ständige Mitglieder melden. Glanzvoll vor allem zog man die Jahresbälle auf, nach »Metternich-Muster«, wie die Veranstalter berichten, in Kostüm und Aufmachung, und das ist bestimmt nicht leicht in Kanada fertigzubringen. Ein anderer Ball wurde unter das Thema: »Das weiße Rössel« gestellt. Beide aber dienten dem gleichen guten Zweck: Die Erträgnisse gingen an Spitäler und deutschsprachige Institute. Es waren recht ansehnliche Beiträge, die eingingen: So gewann ein Musikstudent 3000 Dollar, um in Wien studieren zu können. Im Mozart-Jahr stand das Abendprogramm unter dem Motto »Zauberflöte«; der dreißigste Jahrestag der Wiedereröffnung der Wiener Staatsoper wurde im Jahr 1986 groß gefeiert, und im Jahr 1987 lautete die Devise des Jahresballes: »Capriole Autrichienne«, eine Hommage an die Spanische

Hofreitschule. Die Mitglieder und ihre Freunde treffen sich aber auch zu Schlittenfahrten, spielen Burgtheater-Filme und veranstalten Dichterlesungen. Ein eigener Wohlfahrtsausschuß verwaltet die Spenden und Einnahmen; und alles kommt Studenten zugute, die dadurch nicht nur österreichische Musik, sondern auch Österreich selbst kennen lernen können; jedenfalls aber Lust dazu verspüren, die Heimstätte der schönen Musik zu betreten, die sie in Kanada so oft gehört haben.

Ottawa (Ontario)
Das musikalische Programm der *»Österreichischen Gesellschaft Ottawa«*, das besonders gepflegt wird, reicht vom Schrammel-Quartett über Volksmusik und »Stubenmusi« (kleine Tanzunterhaltungen) bis zu den Sängerknaben mit ernsten Darbietungen. Frau Melitta van Cleeff ist der gute Geist dieses Vereins. Sie hat eine Reihe von Veranstaltungen ins Leben gerufen oder doch begünstigt, die ebenso originell wie lustig waren; so z. B. die Beteiligung am »Hot-Dog-Festival«, bei dem das Vereinsmitglied Franz Palmer, ein Koch, das bis jetzt längste Frankfurter Würstel erzeugt hat; es war über sieben Meter lang und durfte von den Gästen an Ort und Stelle verspeist werden... Heimatabende und Filmvorführungen sind ebenso beliebt wie die sogenannten »Glühweinabende«, die in den berüchtigt kalten Wintermonaten populär wurden. Im Sommer sorgen Sonnwendfeste nach Tiroler Art für Unterhaltung, oder man fährt ins Blaue – das sind die Höhepunkte des Vereinslebens. Der Klub, der praktisch seit dem Jahr 1963 besteht, bringt es auf zwölf gutbesuchte Veranstaltungen im Jahr, bei denen das rein österreichische Programm nicht zu kurz kommt: Es gibt Filme mit Wiener Schauspielern und Heimatabende unter dem Motto »Quer durch Österreich«, eine wertvolle Propaganda für die ferne Heimat. Besonders hervorgehoben soll die Tätigkeit des Wohlfahrtsausschusses werden, die Hilfeleistung den Landsleuten, aber auch ihren kanadischen Freunden bringt, wo es nötig ist.

Toronto (Ontario)

Zwei Österreich-Vereine in Toronto sind Mitglieder des Weltbundes: der *»Edelweiß-Klub«* und die *»Kanadisch-Österreichische Gesellschaft«*. Viele Jahre war der kürzlich verstorbene Pathologe Prof. Dr. Lorenz Mautner Präsident der Österreichisch-Kanadischen Gesellschaft und vertrat sie bei den jährlichen Weltbundtagungen. Auch im Weltbundvorstand und im Weltbundrat hat er engagiert mitgearbeitet. Der »Edelweiß-Klub«, dessen ehemaliger Präsident Dr. Otto Schlesinger einige Jahre Mitglied des Weltbundvorstandes und Teilnehmer an den Tagungen in Österreich war, besteht seit über vierzig Jahren; Filmabende und Fahrten ins Blaue gehörten zum Programm, ebenso Märchenstunden für Kinder; eine »Österreich-Woche« wurde im Jahr 1989 um den Nationalfeiertag abgehalten; Schnitzler- und Hermann-Bahr-Abende bringen den Gästen österreichische Literatur nahe, und der Ball des Vereins gilt als ein Galaball Torontos. Einen netten Einfall hatte ein langjähriges Mitglied des Vereins, der Maschinenschlosser Walter Juchart: Er konstruierte eigens für die Österreich-Woche einen rotierenden Apparat, einen Globus, der von den Wappen der neun Bundesländer und mit dem Emblem des Zehnten Bundeslandes, dem Motto »Weltweit Freunde«, umgeben ist; das originelle Gebilde erregte beträchtliches Aufsehen. Im übrigen hat sich Walter Juchart schon durch die Gründung dreier Untergruppen verdient gemacht, einer Theater-, einer Schach- und einer Steirer-Gruppe.

Windsor (Ontario)

In Windsor besteht seit 1976 ein Österreich-Verein unter der Leitung Emil Kuptyiks; sein Mitgliederstand erlaubte ihm die Abhaltung eines vielbesuchten Balles unter der Devise »Johann Strauß«.

Das also sind die kanadischen Vereine. Ehe wir auf die Vereinigten Staaten eingehen, soll eines Mannes gedacht werden, der ganz Amerika mit seinen Heimatgedichten und Vorträgen bereist, der überall mit Freuden und – Rührung aufgenommen wird und der geradezu ein fester Bestandteil des überseeischen Heimatprogramms geworden ist: der Steiermärker *Karl Skala*, Mundartdichter mit Herz, ein Stück Heimat in der Fremde. Seine Leistungen, seine Erfolge können gar nicht hoch genug eingeschätzt werden. Gerade weil er die Menge der Landsleute in ihrer schwelenden Nostalgie anspricht, hält er die Gefühle für ein entschwundenes Zuhause wach und bewahrt den Österreichern daheim ein Potential, das sonst längst verlorengegangen wäre. Und dies mit einem Idealismus, einer Selbstlosigkeit, die keine Strapazen scheut und seinen Lohn allein aus der dankbaren Freude seiner Zuhörer schöpft.

Vereinigte Staaten – USA

In den Vereinigten Staaten gibt es eine Vielfalt von österreichischen Councils und Gesellschaften, die allerdings nur zum geringsten Teil dem Weltbund angehören. Es war, wie schon erwähnt, den amerikanischen Staatsbürgern im ersten Jahrzehnt nach dem Weltkrieg nicht erlaubt, einer Organisation anzugehören, deren Sitz in einem besetzten Gebiet Europas lag; anderseits erhielten Einwanderer nur Arbeitserlaubnis, wenn sie die amerikanische Staatsbürgerschaft besaßen. Später dann, als diese Bestimmungen stillschweigend aufgehoben und vor allem durch den Wegfall der Besatzung in Österreich obsolet geworden waren, hatten sich die meisten dieser Vereine bereits so fest in ihren Statuten, Gewohnheiten, Programmen etabliert, daß sie es nicht mehr für nötig fanden, dem Weltbund beizutreten. Was nicht ausschließt, daß sie in gutem Einvernehmen mit den österreichischen Stellen standen, ja, daß sie ihre Berichte häufig nach Wien sandten, wo sie im »Rot-Weiß-Rot« auch veröffentlicht wurden, und daß sie bei ihren Europareisen die Wiener Zentrale aufsuchten, zuweilen sogar an den Tagungen teilnahmen, wenn es sich mit den andern Terminen vereinen ließ. In dem vom Auslandsösterreicherwerk und dem Weltbund der Österreicher gemeinsam herausgegebenen »Verzeichnis der

Österreich-Vereine in aller Welt« sind außer den Councils nicht weniger als 66 solche Vereine aufgezählt – nur acht davon gehören dem Weltbund an: zwei in Kalifornien (Los Angeles und San Diego), je einer in Florida (Miami), in Lousiana (in Metairie mit dem schönen Namen »Schönbrunn«), in Michigan, New York, Ohio und Oregon.
Der bedeutendste und rührigste aller dieser Vereine ist zweifellos die österreichisch-amerikanische Vereinigung *»Austrian Circle«* in *Miami*, gegründet von dem Arzt Dr. Sanel Beer und seiner amerikanischen Gattin, die sich nicht »Liz«, sondern betont »Liesl« nannte, eine liebenswürdige, kunstsinnige Frau. Nach dem Tod Dr. Beers – er wurde über neunzig Jahre alt – führte Dr. Hannes Hannau den Verein fort und leistete weiterhin eine Österreich-Propaganda in diesem südlichen Bundesstaat, die gar nicht hoch genug gewürdigt werden kann. Dr. Sanel Beer hatte regelmäßig die Weltbundtagungen besucht, war Mitglied des Vorstands und dann Ehrenmitglied gewesen, hatte dem Hilfsfonds hohe Beiträge gespendet und war von allem, was er in Wien sah und erlebte, so begeistert gewesen, daß er einen Gedichtband über seine alte Heimat verfaßte und herausgab. Liesl Beer, eine begabte Aquarellistin, die während der Sitzungen, an denen sie nicht teilnahm, die Umgegend durchstreifte und in Skizzen festhielt – so ist ein Umschlagbild der Zeitschrift »Rot-Weiß-Rot« von ihr gezeichnet: der St. Margarethner Steinbruch –, war mit ihrem Mann auch die Gründerin der »Pro-Mozart-Society« in Miami. Dort gab es regelmäßig österreichische Konzerte; der Kapellmeister Dr. Paul Csonka, ein Bruder des ehemaligen Präsidenten des Pariser Österreich-Vereines, Dipl. Ing. Hans Csonka, verkehrte in dem Haus, er wirkte wesentlich an der Programmgestaltung der Miami-Oper mit und brachte als erster einige bis dahin dort unbekannte Werke Richard Strauß' auf die Bühne. Dr. Hannau und seine Frau Ilse führten den Verein im Sinne Dr. Beers weiter, ihr Haus wurde eine Heimstatt der Kunst, wo Einzi Stolz und Marcel Prawy verkehren – Marcel Prawy ist Ehrenbürger von Miami. Österreichische Künstler gastieren regelmä-

ßig in der Stadt. Es ist eine echte österreichische Kolonie im Süden Floridas geworden, und wenn der Schriftsteller Dr. Hannau, der eine ganze Reihe hoher Auszeichnungen in Österreich erhalten hat, in die alte Heimat kommt, dann werden er und seine Frau Ilse mit Freude und als echte Freunde Österreichs empfangen.

In *Chicago* sind es vor allem die Burgenländer, die das österreichische Element vertreten, wir haben über sie in dem Kapitel über die starken Burgenländer-Gemeinden in Amerika geschrieben. Die Österreichische Gesellschaft in New York wurde vor über hundert Jahren gegründet; gemeinsam mit dem österreichischen Generalkonsulat und der Bundeswirtschaftskammer finden regelmäßig künstlerische Veranstaltungen und wissenschaftliche Vorträge statt, und den »Viennese Opera-Ball«, dem Wiener Muster nachgebildet, besuchen über 700 Gäste. Österreichische Wissenschaftler sind in den Staaten immer hoch angesehen; so erhielten drei ehemalige Österreicher den Nobelpreis: der vor kurzem verstorbene Chemiker Hermann Mark, der Biologe Paul Weiß und der Nuklearforscher Victor Weiskopf.

Im allgemeinen sind die Aktivitäten in diesen Gemeinschaften auf einen gemeinsamen Nenner zu bringen: reiches gesellschaftliches Leben, hochwertige künstlerische Veranstaltungen und Ausstellungen und in ganz besonderem Maß Studienförderung durch Stipendien. Daß es den jungen Leuten in immer stärkerem Maß ermöglicht wird, ihre Kenntnisse im Ausland zu erwerben, die dann ihrer Heimat zugute kommen, ist eine der wertvollsten Errungenschaften unserer Zeit – und das gilt vor allem für die bedeutenden Bildungsstätten in den Vereinigten Staaten.

Mittelamerika – Mexico

Es gibt einen Österreich-Verein in Mexico-City mit Namen *Centro Austriaco*, viele Jahre von *Dr. Robert Kolb* vorbildlich geleitet. Dr. Kolb war Buchhändler und Herausgeber des »Manuel Moderno«, er war ständiger Gast bei den Tagungen in Österreich, von Außenminister Dr. Mock gewürdigt. Er veranstaltete Exkursionen zu den vorkolumbischen Stätten; vor allem pflegte er als Buchhändler die österreichische Literatur in Lesungen und Vorträgen. Auch die Musik wurde nicht vernachlässigt: So gestaltete er eine Haydn-Ausstellung und lud den Madrigalchor nach Mexico ein; seine Gedenkstunden für moderne österreichische Komponisten wurden von dreizehn mexikanischen Sendern übertragen. Ein Mann, der es sich zu seiner besonderen Aufgabe machte, sowohl Österreichern sein Gastland wie Mexikanern seine alte Heimat Österreich durch Wort und Bild nahezubringen. Im Jahr 1988 legte er seine Tätigkeit nieder, Carlos Bartos löste ihn ab, Robert Kolb aber blieb dem Verein als Beirat erhalten.

Südamerika

Der nordamerikanische Kontinent, seit fünfhundert Jahren erschlossen, hat europäisches Gedankengut, europäische Kultur schon zu einer Zeit aufgenommen, als die riesigen Wälder und Wüsten Südamerikas noch geheimnisvoll verborgen lagen. Vielleicht war es gerade deshalb ein Sehnsuchtsland der Auswanderer im vergangenen Jahrhundert: Dort gab es Boden, dort gab es uferlose Weite – kein Wunder, daß es auch den Österreichern verlockend erschien, und so schufen sich dort Burgenländer wie Tiroler die Kolonien, die wir geschildert haben. Als der Weltbund auf den Plan trat, da suchte er mit Hilfe der Botschaften und Wirtschaftsvertretungen in den inzwischen gigantisch angewachsenen Städten Vereine zu gründen, und das ist in einigen auch gelungen. Wie überall in Übersee gibt es wesentlich mehr Verbände, die eine segensreiche Tätigkeit für ihre Freunde entfalten; wir aber müssen uns verständlicherweise auf die Weltbundmitglieder beschränken – in der Hoffnung allerdings, daß auch jene Außenseiter allmählich in unsere Organisation hineinwachsen.

In *Argentinien* ist es *Buenos Aires*, das einen *»Österreichischen Hilfsverein«* besitzt, dessen traditionelle Veranstaltung das alljährliche »Rendez-vous in Austria« darstellt. Es steht unter der Schirmherrschaft des Botschafters und bietet neben dem Kunstprogramm eine große Tombola mit hervorragenden Preisen; der Reinertrag fließt karitativen Zwecken zu. Die Sektion *Lagos del Sul* dieser Vereinigung in *Bariloche*, im äußersten Westen des riesigen Landes gelegen, veranstaltete eine »Österreich-Woche«, die, wie die dortige Presse mitteilte, zu den bedeutendsten kulturellen Ereignissen des Landes zählte. Der Bürgermeister von Bariloche nahm an den Vorträgen teil, die beweisen sollten, daß Österreich nicht nur auf seine alte Geschichte stolz sein kann, sondern daß es auch mit der modernen Industrie durchaus Schritt hält. Der Vorsitzende der Vereinigung, Architekt Francisco Pirker, hatte die feierliche Eröffnung vorgenommen, der österreichische Botschafter hielt einen Vortrag über »Österreich, seine Vergangenheit und seine Gegenwart.«

Brasilien
Die stärkste österreichische Präsenz im Subkontinent findet sich in Brasilien. So wurde erst vor wenigen Jahren (1987) ein *»Klub der Auslandsösterreicher«* in *Curitiba* gegründet, der die österreichischen Staatsbürger im Staat Parana zu kulturellen und gesellschaftlichen Veranstaltungen vereinen sollte; Vorsitzender ist Dkfm. Otto Dauscha. Bereits ein Jahr nach der Gründung konnte der Vorstand über sieben Veranstaltungen, als letzte einen Wiener Heurigen, berichten.
Der *Circolo Austro-Brasileiro* in *Rio de Janeiro*, um ein vielseitiges Programm bemüht, hält sowohl Leseabende aus Werken österreichischer Autoren, Filmabende sowie Solistenkonzerte ab; eine Tonbildschau über Prinz Eugen und das barocke Wien erweckte besonderes Interesse. Viel Vergnügen bereitete den

Gästen ein »Österreich-Quiz-Abend«, an dem recht knifflige Fragen zu beantworten waren, eine unterhaltende Art, österreichische Geschichte und Kultur zu lernen. Zwanglose Treffen, zu denen Präsident Luis Ginter einlädt, sind immer beliebt, da werden gute österreichische Filme und Folklore geboten. Daß Freunde aus der Kolonie Dreizehnlinden zu solchen Festen gern erscheinen, gibt den Veranstaltern besonderen Auftrieb.
Der bedeutendste Österreich-Verein in Brasilien aber ist zweifellos der durch viele Jahre von Friedrich Wenger geleitete *Verein Babenberg* in *Sao Paulo*. Unermüdlich ist Friedrich Wenger im Aufsuchen und Aufstellen von Themen, im Aufspüren interessanter historischer Details, die er seinem Publikum bietet: klassische Lieder- und Konzertabende, Gedenkfeiern für große österreichische Komponisten und Künstler, Heimatabende und Heurige – alles wird geboten, und der traditionelle Ball segelt natürlich unter der Flagge Rot-Weiß-Rot. Der *Spiritus rector* des Kreises persönlich trägt Wiener Lieder mit kabarettistischem Schwung vor. Der Verein wurde vor dem Krieg 1935 gegründet, er hat nicht nur die schweren Jahre durchgehalten, die dem Verein zusätzliche Aufgaben wie Flüchtlingshilfe und ähnliches brachten; die Mitglieder haben sich auch, buchstäblich mit bloßen Händen, ein Klubhaus errichtet, wo es alles gibt, von der Bibliothek bis zum Buffet. Was ein Mann mit vollem Einsatz leisten kann, das hat Friedrich Wenger gezeigt. Der wohlverdiente Ruhestand, den er genießt, wird auch ein richtiger »Pensionisten-Ruhestand« sein: nämlich noch mehr Arbeit für die gute Sache, da er »ja jetzt Zeit hat…«
Auch in andern südamerikanischen Staaten gibt es Österreicher-Vereine, so in *Paraguay*, wo der Arzt Dr. Leopold Suehsner, der Betreuer der südamerikanischen Kolonie in Asunción, wirkt, und in *Santiago de Chile* (Präsident: Josef Schumy). Dort wurden interessante österreichische Ausstellungen gezeigt – und der frühere Präsident *Dipl. Ing. Barteau*, ein langjähriger Freund des Weltbundes, läßt es sich nicht nehmen, als Ehrengast zu den Tagungen nach Österreich zu kommen, zur Freude seiner Landsleute.

In *Quito – Ecuador* hat man mit Erfolg einen Österreich-Verein aktiviert. Vielleicht hat der junge Mann mitgewirkt, der vor zwanzig Jahren den Weltbund mit Gesuchen überschüttete, er wolle beim Bundesheer dienen, er stamme doch von österreichischen Eltern ab – ob und wie weit der Wunsch dieses sympathischen Idealisten erfüllt wurde, ist in den Annalen nicht bekannt.

Hervorzuheben auch ist die Tätigkeit des Österreich-Vereins in *Bogotà, Kolumbien*, von Dr. James Husserl geleitet. Dort gibt es klassische Konzerte ebenso wie Robert-Stolz-Abende; gute österreichische Filme werden gespielt, und Ausstellungen alter und moderner Meister rufen Besucher aus dem ganzen Land in die Hauptstadt. Auch die Weinfeste finden viel Anklang. Die Reinerträge aller dieser Veranstaltungen fließen den Kinderdörfern zu.

Venezuela soll noch genannt werden. In *Caracas* feierte man gemeinsam mit Schweizer Freunden die Weihnachtstreffen, gewiß etwas Besonderes in dem subtropischen Land. Man gibt Bunte Abende, und das Motto »Österreich jenseits von Wein und Sachertorte« beweist, daß man sich bemüht, Klischees abzubauen.

Aus *Montevideo – Uruguay* kommt ein besonders treuer Freund des Weltbundes, der nicht nur unsere Tagungen besucht, sondern als Herzensösterreicher auch im Weltbundvorstand wirkte, stets energisch die Belange der Auslandsösterreicher vertretend, *Wilhelm Launer* – ein unermüdlicher Streiter für die gute Sache des Weltbundes.

Nun müssen wir uns in andere Erdteile begeben, in Staaten, die unermeßlich, grenzenlos sind – aber diese Größe steht in diametralem Gegensatz zur Präsenz unserer Landsleute im Weltbund. Der Präsident des Auslandsösterreicherwerkes, Fritz Molden, hat auf seinen Rundfunkreisen »Auf rot-weiß-roten

Spuren« Landsleute aufgestöbert, die in ihrer neuen Heimat irgendwo in diesen riesigen Ländern Ansehen genießen und Österreich nicht vergessen haben – vom Weltbund haben sie dann und wann gehört –, aber eben nur gehört, vielleicht werden sie sich doch eines Tages anschließen. Wir können in dieser Schrift, wie schon mehrmals bemerkt, nur jene Gruppen nennen, die dem Weltbund assoziiert sind, denn die Tätigkeit der Botschaften, der Councils, so wertvoll sie ist, bedeutet eben doch keine Mitgliedschaft zu unserer Organisation. Was bleibt also von dem unendlichen Afrika? Vor allem *Ägypten*, wo sich *Frau Marianne Rauscher*, Herzensösterreicherin und Vorstandsmitglied des Weltbundes, seit 1989 Leiterin des Seniorenreferats, in *Kairo* um die Auslandsösterreicher bemüht. Ein dort bestehender Frauenkreis trifft sich monatlich zu geselligem Beisammensein, gelegentlich gibt es einen Vortrag oder einen Film. Einmal im Jahr wird unter der Präsidentin Grete Amin ein Ausflug veranstaltet; Hauptanliegen ist auch in dieser Gemeinschaft die Betreuung bedürftiger Landsleute. Im Rahmen des Weltbundrates hat Frau Rauscher mit 27 afrikanischen Staaten Verbindung aufgenommen, um Österreicher aufzuspüren, sie konnte schon manchen schönen Erfolg verzeichnen. Erfreulich ist, daß schon AÖ-Kinder aus Ägypten, Marokko, Tunesien, Elfenbeinküste an den Ferienprogrammen und den Weltbund-Jugendtreffen teilgenommen haben – ein Anfang ist also dank Frau Rauschers Tätigkeit im schwarzen Erdteil bereits gemacht.

In *Südafrika* schlossen sich in *Durban, Johannesburg* und *Kapstadt* Auslandsösterreicher zusammen, ein Klub gab sogar ein hübsch ausgestattetes Mitteilungsheft, den »Austria-Spiegel«, heraus, der auch österreichische Inlandsnachrichten brachte. Auch in *Pretoria* wurde vor mehr als zehn Jahren ein Österreich-Verein gegründet, der einen vielversprechenden Anfang nahm und Alpentage abhielt; daß es eine Gemeinschaft von erfreulich jungen Mitgliedern war, beweist die Nachricht über ein durchgeführtes Leichtathletikturnier, bei dem Sportabzeichen gewonnen wurden. Im Jahr 1982 gab es einen Ball mit dem klingenden Namen »Felix Austria«, der viel Anklang fand, ebenso der große Empfang zum »Tag der Fahne«, wie der Nationalfeiertag damals noch hieß. Auch im Jahr 1984 berichtet Präsident Siegfried Errath von regelmäßigen Veranstaltungen, von Film- und Theaterabenden und von Tennisturnieren. 450 Mitglieder nahmen an den Geselligkeiten teil, so schrieb er. So viele erfolgreiche Veranstaltungen, so viele Partner, ein so gut funktionierender Hilfsfonds – das müßte doch einen Bestand dieser Gemeinde garantieren? Der Weltbund aber blieb ohne Nachricht... Erwähnt noch soll eine kleine Gruppe Österreicher in *Kapstadt* werden, die unter ihrem Präsidenten Alois Kornmüller einen Hilfs- und Sportklub aufzäunte.

Australien

Noch entfernter, noch fremder, auf weiten Strecken menschenleer: das ist Australien. Aber da zeigt es sich wieder, daß es oft nur eines Anstoßes, eines energischen allerdings, bedarf, um ein Unternehmen auf die Beine zu stellen, das andere, in viel günstigeren äußeren Umständen lebende Personen nicht zustande brachten: die Österreich-Vereine in den großen Städten Australiens weisen eine erfreuliche Aktivität auf, ein vielseitiges Programm und eine ständige, zumindest ideelle Bindung zur Heimat, und das verdanken sie einem rastlosen Vorstand, angeeifert von ihrem Präsidenten.
Um mit *Sydney* zu beginnen – denn dort war es *Hermann Wandl*, der das Zepter schwingt. Als er zu einer Weltbundtagung nach Österreich kam und als Herzensösterreicher in den Vorstand gewählt wurde, da erschien sein natürliches, ungezwungenes Auftreten, die Offenheit, mit der er die »Kollegen«, die er doch eben erst kennengelernt hatte, so erfrischend wie die Atmosphäre des Erdteils selbst, aus dem er kam – so stellen wir sie uns wenigstens vor. Im Jahr 1961 gegründet, standen dem *Österreich-Klub Sydney* verschiedene Präsidenten vor, Rudi Burst, Hermann Wandl und ab 1991 John Dagn. Das Programm

folgte einer einheitlichen Linie: Folklore, Volksfeste, Heimatabende – gute, fröhliche Unterhaltung. Als der Verein unter Rudi Burst sein zwanzigjähriges Jubiläum beging, kamen sämtliche australischen Vereine, um mitzufeiern. Im wesentlichen gab es sowohl Wiener Abende wie Winzerfeste, eine Winzerkönigin wurde gewählt, Hafenrundfahrten wurden unternommen, Theaterabende fanden statt, ein örtliches Haflingergestüt zeigte seine Künste, und als Australien seine Zweihundert-Jahr-Feier zelebrierte, mischten die Österreicher mit zahlreichen kleineren und größeren Festen kräftig mit. Bälle gibt es in allen Versionen: Silvester-, Ski-, Lauda-Air-Jahres-Bälle. Kein Wunder, daß der Wunsch nach einem eigenen Klubgebäude übermächtig wurde: Der tüchtige Klub schuf es sich im Jahr 1984, und schon im Jahr 1986 wurde der letzte Schuldschein der Hypothek getilgt, die man zum Bau des Hauses hatte aufnehmen müssen.

Die *Österreichische Gesellschaft Edelweiß* in *Melbourne* unter Präsident *Ignaz Martinu* nimmt es an Vielfalt der Aktivitäten mit Sydney auf. Dem Namen entsprechend sind es vor allem ländliche Feste, die man feiert, Steirerabende, Schützenfeste, die nicht nur zu Ehren der Wahlheimat, sondern auch im Gedenken an die österreichische Heimat auf dem Programm stehen, so z. B. zur 800-Jahrfeier des Landes Tirol – Musikfeste für Kinder und Erwachsene, Bälle; die Tanzgruppe »Edelweiß« ist im ganzen Bezirk berühmt. Als der jetzige Vizepräsident des Weltbundes, Werner Götz, Australien und die Österreich-Vereine besuchte, schrieb er begeistert von dem herzlichen Empfang, den er überall gefunden hatte und von dem Zusammengehörigkeitsgefühl dieser Leute, die doch schon so lange in dem fremden Erdteil weilten. Den »Edelweiß-Klub« gibt es immerhin schon seit dem Jahr 1944.

Ähnliche erfreuliche Erfahrungen machte auch Präsident Dante Bernardin auf seinen Reisen in Australien, wo er mit Freuden begrüßt wurde. Die geradezu rührende Liebe zur alten Heimat trat überall zutage.

Auch in der Millionenstadt *Canberra* bestehen Österreich-

Gemeinden von 1984 an, gegründet von Präsident Kornfeld, der das Amt 1990 an Werner Binder abtrat, aber weiter für den Verein arbeitete. Die Stadt Canberra feierte im Jahr 1991 erstmalig eine Österreichwoche, der Österreich-Klub nahm natürlich mit verschiedenen Darbietungen teil. Auch hier sind es vor allem volkstümliche Abende, zu denen sich die Landsleute treffen, Steirer- und Tirolerabende; ein Singverein gibt regelmäßig Konzerte, und der Buschenschank weckt nostalgische Gefühle... Seit 1970 scheint der Verein als *Austrian-Australian-Club* auf.
In *Perth – Westaustralien* wird der Nationalfeiertag festlich begangen, aber auch zahlreiche »Kirtage« finden statt: Maitanz mit Zitherspiel, Steirerabende, Carinthischer Chor... Daß es dazwischen auch eine »Nacht in Wien« gibt, ist erfreulich; ungezwungen unterhalten hat man sich sicher beim »Kuchenback-Wettbewerb«. Besonders beliebt sind die Seniorentage, die Busfahrten, die zu den Naturschönheiten des Landes führen. Aber auch die Jugendgruppen zeigen erfreulichen Mitgliederzuwachs; Präsident Rudi Kerbler hat eben allen Generationen etwas zu bieten.
Soweit die großen Zentren des australischen Kontinents.

Und Asien?

Da gibt es wohl österreichische Gemeinschaften in *Israel* – in Tel-Aviv, Jerusalem, Haifa – dem Weltbund aber sind sie nicht angeschlossen. Am andern Ende des Erdteils liegt *Japan*, der Staat, der an den kulturellen Ereignissen unserer Heimat so regen Anteil nimmt. Aber die reiselustigen, bienenfleißigen Japaner haben wohl auch den dort lebenden Österreichern Zeit und Lust genommen, sich zu vergnügten Feiern zu treffen. Der Präsident der *»Vereinigung der Österreicher«*, Josef Kopetzky, hat trotzdem Klubabende mit künstlerischem Programm gestaltet, im allgemeinen jedoch beschränkt sich die österreichische Kolonie darauf, Gast bei den vielfältigen Festlichkeiten zu sein, die Österreich in Japan veranstaltet, die Symphonie- und Kammerkonzerte, Solisten – und Chorabende. Den Keim zu den künstlerischen Aktivitäten Österreichs in Tokio hat vor vielen Jahren der lebendige, kunstsinnige österreichische Botschafter Dr. Franz Leitner gelegt – von seinen Ideen profitieren die Kunstfreunde in Japan noch heute.

Hongkong, gewiß die betriebsamste, hektischste Stadt des Kontinents, hat soviel an Kunst und Unterhaltung zu bieten, daß es schon gehöriger Mühe bedarf, einen eigenen Österreicher-Klub zu führen. Trotzdem war die österreichische Handelskammer bestrebt, die Landsleute zu vereinen, ihr Chef Dr. Helmut Sohmen übernahm den Vorsitz. Über hundert Einzelmitglieder und internationale Handelsgesellschaften sind, ohne daß sich ein Verein gebildet hätte, zusammengekommen, sie pflegen rein wirtschaftliche Interessen, doch konnten auch fallweise Gastspiele oder Konzerte geboten werden.

Es gibt keinen Verein auf der Insel, und der Name ist deshalb wohl kaum bekannt: *Lotung auf Taiwan*. Um dem österreichischen Kontingent aber doch einen freundlichen Schlußpunkt zu setzen, soll es erwähnt werden: dort wirkt in einem vom Kamillianerorden geführten Krankenhaus ein österreichischer Arzt, der schon zu Lebzeiten zur Legende geworden ist: Dr. Jannes, der zuletzt Assistent bei Professor Denk war. Er verließ Österreich vor über dreißig Jahren, weil er aus Idealismus und Nächstenliebe als Missionsarzt unter den Chinesen arbeiten wollte. Er hat nie ein Gehalt bezogen, wohnt neben dem Operationssaal, hat Zehntausende operiert und tut dies bei leiser Musik. Wenn es einmal soweit wäre, wünscht sich Dr. Jannes inmitten seiner Kranken zu sterben, unter den Klängen österreichischer Musik – er hat seine Heimat nicht wiedergesehen, aber er liebt sie noch immer, wie eh und je…

…Vielleicht entschädigt dieser kleine Bericht dafür, daß österreichische Kultur, österreichische Humanität so spärlich vertreten sind in diesem riesigen Kontinent – zumindest in der äußeren Form der Bindung zu unserm Weltbund der Österreicher im Ausland…

Schlußwort – In eigener Sache

Mit bestem Wissen und Gewissen habe ich mich bemüht, die Geschichte des Weltbundes der Österreicher im Ausland und die Probleme des Auslandsösterreichertums darzustellen, unsere Landsleute jenseits der Grenzen zu Wort kommen zu lassen und die Vielfalt ihres Vereinslebens zu deuten. Die Schwierigkeiten einer solchen Aufgabe waren mir von Anfang an bewußt.

Aus Briefen, Artikeln und Vorträgen habe ich mir ein Bild zu schaffen gesucht. Meine persönlichen Kontakte mit Auslandsösterreichern auf Vortragsreisen und in zahllosen Gesprächen, die ich mit ihnen daheim und draußen führen durfte, bilden das Rohmaterial zu dieser Schrift. Freilich: Ich konnte nur wiedergeben, was mir vorgebracht worden war; ich konnte nichts erdichten. Vielleicht ist mancher von Ihnen enttäuscht, über seinen Verein und sich selbst nicht das zu lesen, was er erwartet hatte.

Er sollte aber wissen: die *Idee* des Weltbundes wird in diesem Buch gewahrt. Die Idee einer Gemeinschaft über Grenzen, über innere und äußere Verschiedenheiten, über Abweichungen in Lebensqualität, Umwelt, über Anlage und Denkart eines neuen Kreises hinweg, die bleibt unangetastet, sie ist ein unzerstörbarer Begriff.

Wenn ich das beweisen konnte, wenn Sie fest überzeugt sind, in einer Gemeinschaft zu leben, die unlösbar ist, die Ihnen nur ein »Weltbund« zu bieten vermag, dann ist der Zweck dieser Aufzeichnung erfüllt.

Ich darf mich von Ihnen verabschieden, wie ich es in vielen Briefen getan habe, als

Ihre Grete Steinböck

Wien, im Sommer 1992.

Kleines Kalendarium der Jahre 1952 bis 1992

1952 Gründung des Weltbundes der Österreicher im Ausland in Zürich. Da aus Übersee nur wenig Auslandsösterreicher kamen, die ihre Interessen vertreten konnten, blieb abzuwarten, welche Kreise sich dem Weltbund anschließen werden.

Vereinigung Schweiz-Liechtenstein gründet ein Österreich-Orchester.

Bern veranstaltet einen Abend: »Von Mozart bis Lehar.«

In Venezuela treten Sissy Kranner-Wiener und Gulda auf.

In Berlin gibt es monatliche Treffen mit buntem und Volkslied-Programm.

In Holland führt man »Talisman« auf einer Landesbühne auf.

Gründung eines Österreicher-Vereins in St. Gallen.

Karl Zuckmayer spricht in Bern, Genf und Basel.

Gründung eines Österreicher-Vereins in Asunción/Paraguay, ebenso in Südafrika.

1953 Gründung des Vereins »Club Austria-Brasileiro« in Rio de Janeiro.

Argentinien: Erstaufführung von »Bastien und Bastienne« durch österreichische Künstler.

Beirut/Libanon: Abend: »Wiener Lieder im Orient«.

Türkei: Shakespeare- und Molière-Aufführungen durch österreichische Künstler.

Texas: »Women Federation-Club« lädt Österreich-Vortragende ein (Renée von Bronek).

Rom: Studenten des Instituts »Toricelli« bringen eine Schatulle Erde aus einer altrömischen Katakombe mit Wasser nach Wien, um Tiber- und Donauwasser zu mischen.

Stockholm: Auslandsösterreicher auf der Buchausstellung.

Botschafter Dr. Arthur Breycha-Vauthier ruft zur Spendenaktion für einen Hilfsfonds auf.

Holland: Österreich schenkt Holland das Henri-Dunant-Denkmal von aö. Bildhauer Födl.

1955 Österreicher-Vereine sammeln für die Wiener Kinderdörfer.
Deutsche Österreicher-Vereine beabsichtigen, eine Dachorganisation wie in der Schweiz zu schaffen (wurde nicht verwirklicht).
Gründung der Amerikanisch-Österreichischen Gesellschaft in USA.
Gründung eines Österreicher-Vereins in den Niederlanden.
Juli 1955: Gründung des Auslandsösterreicherwerkes im Palais Pallavicini in Wien mit Professor Dr. Holzmeister als Präsidenten. Auslandsösterreicher werden zum erstenmal offiziell als »Zehntes Bundesland« bezeichnet (durch Bundeskanzler L. Figl).
Zürich soll auf weitere drei Jahre als »Vorort« Sitz des Weltbundes sein.
Großer Empfang anläßlich der HV in Wien, Änderung der Statuten: Auch Einzelmitglieder sind zugelassen, wo es keinen Auslandsösterreicher-Verein gibt.
Verhandlungen über die Dienstpflicht der Auslandsösterreicher: Jeder Auslandsösterreicher zwischen 18. und 51. Lebensjahr ist dienstpflichtig, bei ständigem Aufenthalt im Ausland genügt die Meldung bei der Vertretungsbehörde.

1956 Präsident Karl Bambas in Rom kämpft bereits um das Wahlrecht der Auslandsösterreicher, besonders, da in diesem Jahr die Auslandsitaliener das Wahlrecht erhalten haben.
Jänner: Erste Vorstandssitzung in Zürich.
Gründung des Auslandsösterreicher-Vereins in Paris (Dipl. Ing. Hans Csonka).
13.–17.9.: Erste Weltbundtagung auf österreichischem Boden (Salzburg). Alle Landeshauptleute senden Grußbotschaften.
Zum ersten Mal »Tag der Österreich-Fahne« als Nationalfeiertag bestätigt.

1957 Bundeskanzler Dr. Julius Raab spricht in Bonn: »...Auslandsösterreicher tragen ihr Vaterland im Herzen... Nichts kann die Liebe zur Heimat besser stärken als eine Begegnung mit ihr...«

»Austria-Peak«, der höchste Berg Pakistan, wird von einer österreichischen Karakorum-Expedition erstmals erstiegen.

Kolumbien: Kurse für Auslandsösterreicherkinder werden geschaffen, um ihnen österreichische Kultur zu vermitteln.

Gründung des Österreich-Vereins in Tokio.

Gründung des Hilfsvereins Madrid.

Grönland: Sogar 900 km nördlich des Polarkreises arbeiten Österreicher in den Bleiminen der Nordischen Minengesellschaft.

Juni: Auslandsösterreicher-Treffen im NÖ. Landhaus in Wien.

Gründung des Landesverbandes Italien unter Präsident Wilhelm Rybin.

Weltbundtagung in Wien. Erstmals wird ein Schiedsgericht bestellt (Dr. Breycha-Vauthier, Konsul Harald Brunner, Präsident Deutsch, München – Ersatzmitglieder: Dr. Peter Riemer, Düsseldorf, Fr. Kuranda, Brüssel). Auch 2 Rechnungsprüfer werden bestellt.

Beschluß: Sekretariat des WB wird mit dem Sekretariat des AÖW verbunden, die Präsidenten werden kooptiert. Büroadresse: Wien I., Augustinerstraße 12. (Später Österreich-Haus, Wien I., Josephsplatz 6). Vorstand des WB: Dr. Werner, Dr. Demblin, K. Laemmel, N. Linner, P. Balkany, H. Frisch).

»Wiener Zeitung« (Chefredakteur Dr. Stamprech) verpflichtet sich, regelmäßig Kurznachrichten über das 10. BL. zu bringen.

Indien meldet eine Auslandsösterreicher-Kolonie.

Gründung eines Auslandsösterreicher-Vereins in Lissabon.

Gründung der Vereinigung »Pax et Ars« in Paris (Frau v. Kupelwieser).

Agram: Regelmäßige Leseabende.

1958 WB-Tagung in Linz und im Salzkammergut.

Internationales Gelehrtentreffen in Salzburg (Prof. Ostry, Dr. Langer u. a.).

Erster Flug nach Tokio über Polarroute.
Weltreise der Philharmoniker.

1959 WB-Tagung in Graz. Prof. Winkler (Tokio) und Dr. Tennet (Johannesburg) zu Gast, sie berichten ausführlich über ihre Tätigkeit; Dr. Tennet war jahrelang die einzige »Vertretungsbehörde« Österreichs in Südafrika.
Im Programm: Themen über »Vorsorge für eine gesunde Jugend und für einen beschaulichen Lebensabend.«
Wiener Regisseur Hagen übernimmt die Leitung des Kaiserlichen Hoftheaters Haile Selassies in Addis Abeba.
Austrian Investment-Fonds: Ein Anlagefonds in Vaduz wird gegründet.
Vorträge über Hermann Gmeiner: ein österreichisches Schicksal, das aus dem Rahmen jeglichen Schicksals fällt – ein internationaler Retter der Kinder aus aller Welt.
In Straßburg, Rom und Hamburg finden Hofmannsthal-Ausstellungen statt.

1960 Österreich-Woche in Luxemburg.
Reger Vortragsdienst in Deutschland, Skandinavien und Holland; Ausstellungen (»Ferdinand Porsche«).
WB-Tagung in Eisenstadt, Norbert Riedl spricht über die Auslandsburgenländer. Festakt im Palais Auersperg in Wien unter dem Patronat von Außenminister Dr. Kreisky.
Österreich ist bereits auf 11 Messen vertreten (Damaskus, Izmir, Frankfurt, Leipzig, Brünn, Zagreb, Plovdin, Bozen, Stockholm, Toronto, Saloniki).
Flughafen Schwechat eröffnet.
Ausstellung: »Kulturelles Schaffen der Auslandsösterreicher«, zuerst in Eisenstadt, dann in Wien, dann Wanderausstellung im Ausland.
»Pro-Mozart-Society« in Detroit gegründet.
Prof. Franz Zwillinger, Auslandsösterreicher in Paris: Sein Drama »Galileo Galilei« wird mit großem Erfolg auf dem Wr. Burgtheater aufgeführt.
Prof. Dr. Langer stellt »Österreich-Literatur« auf Schallplatten vor.

1961 Vorträge über 400-Jahr-Feiern der Lipizzaner und über das Technische Museum.

Auslandsösterreicher arbeiten in Winfrith, England, an Forschungen über die friedliche Atomnutzung.

Ausstellung: 50 Jahre Zeichnen in der Akademie d. Bild. Künste (Holzmeister).

1962 Jubiläumstreffen der Auslandsösterreicher in Dornbirn unter LH Dr. U. Ilg. Sonderpoststempel ausgegeben im Rahmen einer interessanten Briefmarkenausstellung (»...sie stempelten im wahrsten Sinn des Wortes diese Tagung zu einem historischen Ereignis«).

Kurzwellendienst: 2- bis 3 mal jedes Wochenende über Richtstrahler nach Europa, Nord- und Südeuropa).

»Pensionsversicherung für Auslandsösterreicher-Angestellte« wird diskutiert.

Prof. Bradish (USA) und Gerh. Felser (Sydney) berichten über Auslandsösterreicher-Tätigkeiten.

140 Mitglieder der Austrian-American-Federation besuchen Wien.

Für 1962/63 werden erstmals Stipendien für Auslandsösterreicher-Studenten bewilligt.

1963 Vorstandssitzung in Lugano.

Wien: 150 Austro-Amerikaner in Wien (betreut von Konsul Willmann).

Ausstellung »Bildende Kunst und Architektur – Das kulturelle Schaffen der Auslandsösterreicher« in Wien.

Internationales Diplomaten-Seminar in Schloß Klessheim.

Triest: Museum der Familie Salamanca, deren Nachfolger Dr. Seemann (Circolo) ist, wird vorgestellt.

1964 Vorstandssitzungen in Wien und Stuttgart (Einladung des Präsidenten Dr. Demblin de Ville).

Dr. Walter Oswald, Zürich, ist unter den Körner-Preisträgern.

Albertina-Ausstellung in Südafrika, Australien, Vord. Orient, Spanien.

Großer Österreichischer Staatspreis für Johannes Urzidil.

1965 Österreichisches Dokumentationsarchiv des Widerstandes wird ins Leben gerufen.
Sämtliche Auslandsösterreicher-Vereine feiern das Zehnjahr-Jubiläum des Österreichischen Staatsvertrages. Präs. Dr. Demblin und GS. OM. Vancsa nehmen auf Einladung der Bundesregierung an den Festlichkeiten in Wien teil. 12 Persönlichkeiten, die sich um die Auslandsösterreicher-Tätigkeit besonders verdient haben, werden vom Weltbund ausgezeichnet. In den folgenden Jahren sollen nur zwei Personen jährlich geehrt werden.

1966 Der Papst empfängt den Vorstand des WB.
Im Rahmen der WB-Tagung in Eisenstadt findet eine Buchausstellung statt.

1967 Die Österreichische Nationalstiftung, die sich die Förderung aller Leistungen und Bestrebungen zur Festigung des Staatsbewußtseins und Zusammengehörigkeitsgefühls der Österreicher zum Ziel setzt, wird vom WB besonders gestützt.
November 1967: Der österreichische Nationalrat und der Bundesrat nehmen die Gesetzesvorlage über den »Fonds zum Schutz österreichischer Staatsbürger im Ausland« an (Härtefonds).

1968 Konstituierende Sitzung des Härtefonds (BM. Dr. Hurdes, Vizepräsident Proksch, LH. Dr. Gleißner, Fr. Stadtrat Jakobi, Botsch. Afuhs, Präs. Dr. Demblin, Dr. Roth).
WB-Tagung in Wien.
»Tag der österreichischen Alpenländer« in Montreal gefeiert (über 800 Teilnehmer).

1969 Jahr des Zehnten Bundeslandes. Festakt und Ausstellung.
Burgenland eröffnet als erstes der neun Bundesländer ebenfalls das Jahr des Zehnten Bundeslandes (Präs. Dr. Dujmovits).
Kurzwellendienst wird erweitert, die Sendungen verlängert.
Aufruf zur Aktion »Altersheim«.
WB-Tagung in Baden. Ges. Dr. Klein wird Leiter der Abt.

Auslandsösterreicher: »Er freut sich, gerade im Jahr des 10. BL. ernannt worden zu sein.«
Sonderbriefmarke wird geschaffen.
Statutenänderung: Statt 100 genügen nun 50 Stimmen für eine Stimme in der Generalversammlung.
Aufsatzwettbewerb wird in Wien ausgeschrieben.
Prof. Felser, Sydney, gründet eine Austrian-Australian – Culture-Society.«

1970 Wohneinheiten werden im Altersheim »Providentia« gemietet.
Dr. E. Winnicky (Vaduz) erwirkt die Aufnahme von Auslandsösterreichern im Haus der Barmherzigkeit.
Vorstandsitzung in Genua.
Prof. Zwillinger erhält Gold. Ehrenzeichen der Stadt Wien.
Besonderer Erfolg des Aufsatzwettbewerbs.

1971 Vorstandssitzung in Den Haag.
Generalversammlung des Landesverbands Italien in Triest.
Todesfälle: Ing. Frisch, Madrid; Gen. Sekr. Vancsa, Wien.
Generalversammlung des Weltbundes in Graz.
Kurzwellensendungen: 3 wöchentliche Sendungen, aktuelle Berichte aus den Bundesländern, politische Kommentare, Interviews, Heimatliches, Sport, Buchbesprechungen.
Autoplaketten werden hergestellt.
Todesfälle: Dr. Peter Riemer, Düsseldorf; Dr. W. Oswald, Zürich.

1972 Rom: – Ausstellung österreichischer Künstler in Rom – von Paul Troger bis Gustav Klimt.
WB-Tagung in Krems.
Symposium, Thema: »Die Zukunft von Wissenschaft und Technik in Österreich.«

1974 Kleines Auslandsösterreicher-Treffen in Stuttgart.
14. Skitage der Auslandsösterreicher in Bizau, Vorarlberg.
WB-Tagung in Wien.

1975 Tod Karl Bambas' in Rom.
Der Auslandsösterreicher Johann Karner baut in Afrika

(Transvaal) ein Dorf im österreichischen Stil, nicht als Freilichtmuseum, sondern bewohnbar.

1976 Prof. Holzmeister legt die Präsidentschaft nieder. Sein geplanter Nachfolger, Botschafter Dr. Franz H. Leitner, erliegt einem Herzinfarkt. Der Verleger und Schriftsteller Fritz Molden tritt den Posten als Präsident des AÖW an.

1977 Kleines Auslandsösterreicher-Treffen in Basel.

1979 Auf der WB-Tagung in Linz wird Dante Bernardin zum Präsidenten gewählt.

1980 Dr. F. Langer feiert seinen 150. Vortrag vor Auslandsösterreichern.

Großes Auslandsösterreicher-Symposium in Wien (»Heimat bist du großer Söhne...«).

Erste Auslandsösterreicher-Jugend-Ferienwoche in Salzburg (Traude Walek-Doby).

Österreich-Haus in Lake Placid anläßlich der Olympiade 1980 eröffnet.

1981 Erste Internationale Winterspiele des WB in Badgastein, initiiert von Präs. Wieland, München, unter Ehrenschutz von BM Dr. Pahr.

1982 WB-Tagung in Salzburg.

Präsident Reagan erhält von Präsident Sallinger der Bundeskammer anläßlich seiner letzten Reise nach USA einen Lipizzaner...

1983 Tod Professor Dr. Holzmeisters.

Staatsbürgerschaftsnovelle, von besonderer Bedeutung für Auslandsösterreicher.

100 Jahre St.-Georgskolleg in Istanbul.

1984 WB-Tagung in Eisenstadt. Man beschließt eine Neufassung der WB-Satzungen: Erweiterung des Vorstandes, Aufnahme von Herzensösterreichern (4 Mitglieder); Gründung des Weltbundrates, der die regionalen Belange im Vorstand und der Gen. Vers. vertreten soll.

Tod Generalkonsuls Dr. Carl Werner.

»Eisenstädter Erklärung«: Weltbund, AÖW und Burgenländische Gemeinschaft geben eine Willenserklärung zur gemeinsamen Arbeit ab (Bernardin, Molden, Gmoser-Dujmovits)

1985 WB-Tagung in Graz.
Kulturbuch-Aktion wird geschaffen (Traude Walek-Doby)

1986 Dr. Leopoldo Suehsner: 15 Jahre im Urwald von Paraguay.
Rom: Ausstellung: »Österreich und der Vatikan«.
Tod Hermann Gmeiners – er hat 707 SOS-Projekte in 90 Ländern errichtet.
Elez Derisevic aus Bosnien (geb. 1902): Ein österreichisches Schicksal.
Erstes Auslandsösterreicher-Jugend-Treffen in Wien – Stipendien für Auslandsösterreicher.
Tod Botschafter Dr. Breycha-Vauthiers.
26. Skitage in Laterns.

1987 Weltbundtagung in Villach. Konstituierung des Weltbundrates, Präsident Dr. Jürgen Em wird als Vorsitzender bestellt.
Der Auslandsösterreicher-Verein Berlin (Präs. Purchala) schließt einen Patenschaftsvertrag Berlin-Passering ab – ein echtes Volksfest!

1988 Symposium des AÖW im Rahmen der Aktion »Wiedersehen mit Österreich«.
100-Jahr Feier des Österreich-Vereins Hamburg.

1989 Die Auslandsösterreicher erhalten das Wahlrecht. Eine Sondernummer der Zeitschrift Rot-Weiß-Rot würdigt das Ereignis und gibt die Erklärungen.
Burgenländer-Treffen in Rietham (Schweiz).
Die Schweiz bewilligt die Briefwahl.

1990 Symposium der österreichischen Literatur in Riverside, Kalifornien.
Zum Auslandsösterreicher-Treffen des Waldviertler Ferienwerks kam zum ersten Mal auch ein Mädchen aus Rußland.

1991 Freiwillige Weiterversicherung in der Österreichischen Pensionsversicherung bereits ab 60 Beitragsmonaten möglich. In der HV in Krems wird beschlossen, eine Denkschrift anläßlich des Jubiläumsjahrs 1992 herauszugeben, das an der GS in Güssing 1992 präsentiert werden soll. Mit der Verfassung der Schrift wird Frau Dr. Grete Steinböck betraut.

1992 Tod des langjährigen Ehrenpräsidenten der Österreichisch-Bayerischen Gesellschaft Senator e. h. Ing. Eduard Ergens.

Betreuer der Auslandsösterreicher im Bundesministerium für Auswärtige Angelegenheiten

Gesandter Dr. Karl Braunias	1956–1960
Botschafter Dr. Franz Helmut Leitner	1960–1964
Gesandter Dr. Georg Afuhs	1964–1969
Gesandter Dr. Dkfm. Harald Klein	1969–1973
Gesandter Dr. Robert Ladner	1974–1978
Gesandter Dr. Jörg Schubert	1979–1984
Botschafter Dr. Georg Hohenberg	1984–1988
Gesandter Dr. Dr. rer. comm. Erich Kristen	ab 1989

Übersicht der Auslandsösterreicher-Treffen

1952	Dornbirn	1972	Krems
1853	– –	1973	Innsbruck
1954	Wien	1974	Salzburg
1955	Wien	1975	Eisenstadt
1956	Salzburg	1976	Wien
1957	Wien	1977	Feldkirch
1958	Linz	1978	Graz
1959	Graz	1979	Linz
1960	Eisenstadt/Wien	1980	Klagenfurt
1961	Klagenfurt	1981	Innsbruck
1962	Dornbirn	1982	Salzburg
1963	Wien	1983	Baden
1964	Salzburg	1984	Eisenstadt
1965	Innsbruck	1985	Graz
1966	Eisenstadt	1986	Wien
1967	Linz	1987	Villach
1968	Wien	1988	Linz
1969	Baden/Wien	1989	Bregenz
1970	Klagenfurt	1990	Innsbruck
1971	Graz	1991	Krems

Die Präsidenten des Weltbundes

Univ. Prof. Dr. Hans Nawiasky, Zürich	1952–1957
Generalkonsul Dr. Carl Werner, Lugano/Zürich	1957–1963
Graf Dr. Karl Demblin de Ville-Canon, Stuttgart	1963–1967
Wilhelm Rybin, Mailand	1967–1973
Prof. Architekt Franz Heinrich Sobotka, Berlin	1973–1975
Generalkonsul Dr. Carl Werner, Lugano-Zürich	1975–1977
Graf Dr. Karl Demblin de Ville-Canon, Stuttgart	1977–1979
Dante Bernardin, Lissabon	ab 1979

Die Generalsekretäre des Weltbundes der Österreicher im Ausland

Ing. Paul Pereszlényi, Zürich	1952–1957
Otto Max Vancsa, Wien	1957–1967
Paul Balkany, Wien	1967–1976
Gesandter Dr. Dkfm. Harald Klein	1976–1982
Hofrat Alexander Auer	1982–1985
Dipl. Ing. Wolfgang Reiler	ab 1985

Der Vorstand des WELTBUNDES DER ÖSTERREICHER IM AUSLAND 1991–1993

Präsident:
Dante BERNARDIN, Lissabon
Vizepräsidenten:
Dr. Jürgen EM, Bonn
Werner GÖTZ, Berlin
Generalsekretär:
Dipl.-Ing. Wolfgang REILER
Vorstandsmitglieder:
Dr. Margarete BERNAVA-BAMBAS, Rom
Karl FLEISCHHACKER, Chur
Dr. Ferdinand JURDA, Augsburg
Ernest KAUFMANN, Genf
Hermann KROIHER, Stockholm
Friedrich A. MAYER, Athen
Karl NÖST, Zürich
Marianne RAUSCHER, Kairo
Hermann WANDL, Sydney
Carl P. WIELAND, München